서울대학교
한국어

LOVE KOREAN

서울대학교 언어교육원 지음

Student's Book 5

서울대학교출판문화원

I Love Korean 5
Student's Book

초판 1쇄 발행 2015년 11월 30일
초판 3쇄 발행 2025년 5월 20일

지은이   서울대학교 언어교육원

펴낸곳   서울대학교출판문화원
주소   08826 서울 관악구 관악로 1
도서주문 02-889-4424, 02-880-7995
홈페이지 www.snupress.com
페이스북 @snupress1947
인스타그램 @snupress
이메일   snubook@snu.ac.kr
출판등록 제15-3호

ISBN 978-89-521-1789-2 04710
     978-89-521-1804-2 (세트)

ⓒ 서울대학교 언어교육원, 2015

이 책은 저작권법에 의해서 보호를 받는 저작물이므로
무단 전재와 복제를 금합니다.

Written by Language Education Institute, Seoul National University
Published by Seoul National University Press

Copyright ⓒ 2015 by Language Education Institute, Seoul National University

All rights reserved.
No part of this publication may be reproduced in any form
without the written permission from publisher.

> The MP3 audio files can be accessed and downloaded through the SNU Language Education Institute website http://lei.snu.ac.kr/klec, SNU Press website http://www.snupress.com, and the QR code on the right.

머리말
Preface

I Love Korean 5 Student's Book is the fifth volume in the Korean textbook series designed for adult learners who will learn the Korean language in a short-term program (approximately 60 hours). This book has been developed in order for learners to possess practical communication skills in a short period of time, and it has the following features:

First, this book is based on a situation/function-centered syllabus composed of actual and practical content used in everyday life. Vocabulary, grammar, and expressions were selected on the basis of situations and functions essential for learners.

Second, the Student's Book aims to enable learners to acquire vocabulary, grammar, and expressions systematically. The content is conveniently arranged for learners, presenting main vocabulary at the beginning and grammar exercises at the end of each lesson. In addition, detailed explanations regarding target grammar and expressions are provided so that learners will be able to accurately understand and appropriately use them.

Third, a variety of tasks and activities are provided to enable learners to use communication skills and completely acquire the target grammar and expressions. By performing such tasks and activities, learners will be able to improve their communicative fluency and encourage their desire to learn.

Fourth, each lesson is organized in consideration of the class structure and the learner. After introducing vocabulary related to the topic, conversations that include grammar and expressions related to the topic and given situations are presented not only to suit the structure of communicative language class, but also to facilitate understanding and application.

Fifth, learners will be able to improve their communicative skills such as listening, speaking, reading, and writing as well as their knowledge of vocabulary, grammar, and expressions. The separate Workbook helps learners to practice and organize what they have learned from the Student's Book through exercises in vocabulary, grammar, and expressions.

Sixth, rich visual materials such as photographs and illustrations are provided to arouse interest in learning. Through visuals, learners will be able to study more effectively by having accurate understanding of given meanings and situations as well as interest in learning.

Seventh, Korean culture is introduced in the conversation parts of each lesson so that learners have opportunity to learn about various cultural aspects related to given situations in the conversation.

Eighth, this book can be used as a textbook not only for classroom learning but also for independent learning. Also if learners study each lesson in order using the MP3 audio files available at the SNU Language Education Institute website (http://lei.snu.ac.kr/klec) and the SNU Press website (http://www.snupress.com), they will be able to achieve successful results in their study. Learners will be able to evaluate themselves and review the outcome of their learning as well.

We at the SNU Language Education Institute wish to express our sincere gratitude to all the instructors from the Textbook Development Committee who have dedicated their effort in the writing and publication of this book for an extended period of time. Additionally, we would like to extend our gratitude to Ms. Kwak Jin-hee, Head of the Publishing Department of the SNU Press, and her editorial staff for their support in having this book published.

November 2015

Young chul Jun

Executive Director, Language Education Institute, Seoul National University

일러두기
How to Use This Book

I Love Korean 5 Student's Book consists of nine lessons, and each lesson is composed of the following sections.

Photographs related to the topic of each lesson are presented.

You will be able to

Learning objectives of each lesson are provided.

Vocabulary

Main vocabulary or expressions are categorized and presented with illustrations in which their meanings can be inferred.

Conversation

Learners will be able to master target grammar and grasp the structure of conversations through simple dialogues.

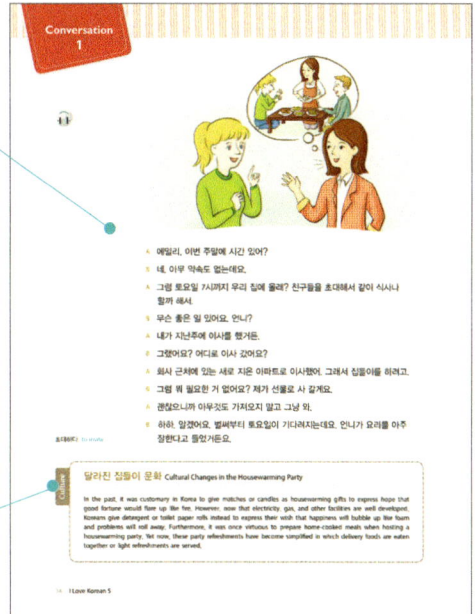

Culture

Korean culture related to the topic of each lesson is introduced.

Learners will practice spoken discourse based on the given dialogue.

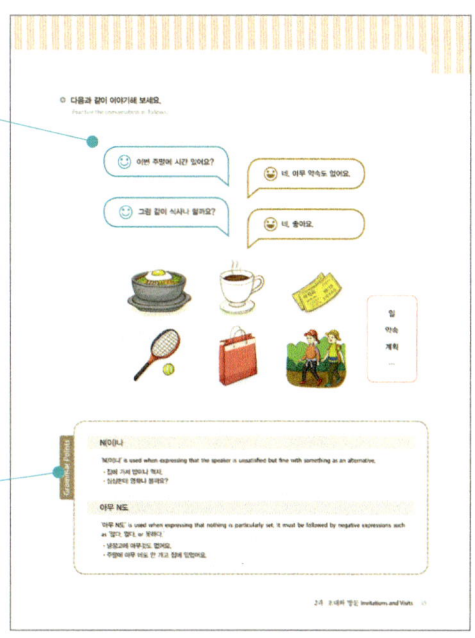

Grammar Points

Target grammar points are provided with example sentences that enable learners to recognize inflections or conjugations.

Listening & Speaking

Each lesson is presented with relevant photographs or illustrations so that learners will be able to review the target grammar, vocabulary, and expressions.

Comprehension questions are presented so that learners will be able to check if they have understood the content of what they heard after listening to authentic dialogues.

Learners will have conversation practice related to the theme and function of the listening comprehension.

Reading & Writing

Actual and various passages are presented.

Comprehension questions on the reading passages are presented.

Learners will practice various forms of writing on themes relevant to the reading comprehension passages.

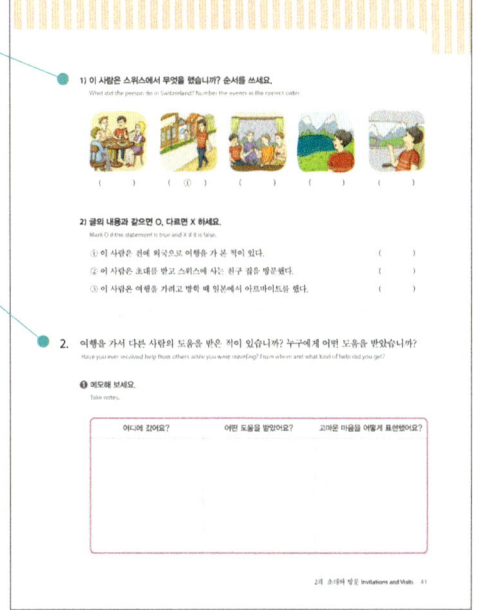

일러두기 How to Use This Book   7

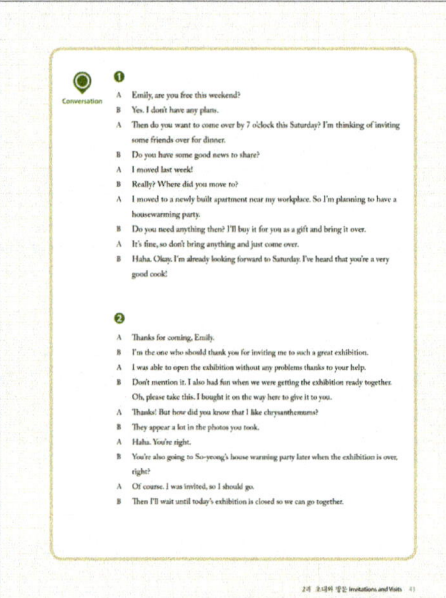

Translation

For convenience, English translations of Conversation 1 and 2 are presented.

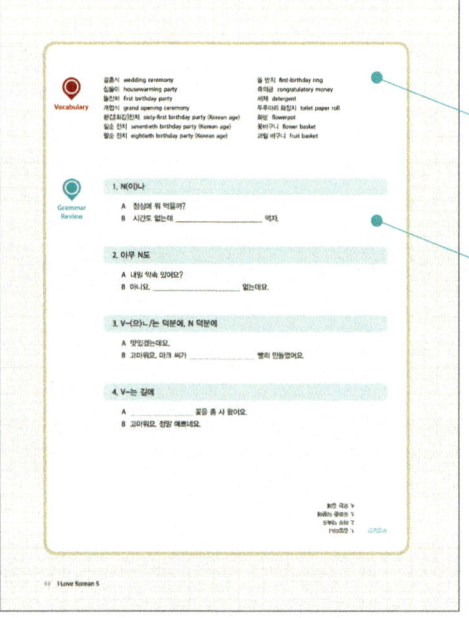

English translations of main vocabulary are presented.

Learners will review target grammar points in each lesson.

Grammar Reference

'Grammar Points' is presented with in-depth grammar explanations.

Listening Transcript

'Listening & Speaking' transcripts are provided.

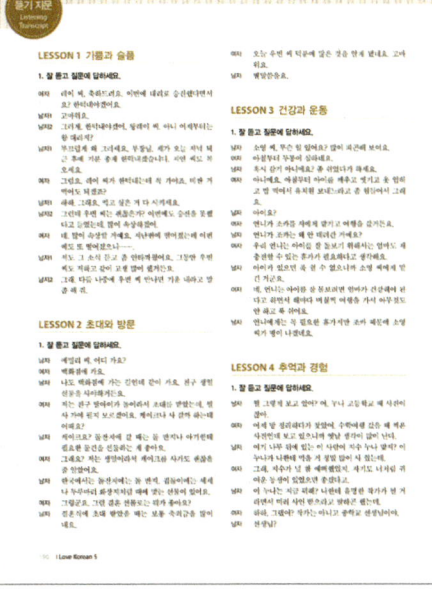

Answer Key

Answers to 'Listening & Speaking' and 'Reading & Writing' exercises are provided.

Glossary

All new vocabulary words that appear in the textbook are provided with page numbers.

차례 Contents

머리말 Preface — 3
일러두기 How to Use This Book — 4
교재 구성표 Scope and Sequence — 12
등장인물 Characters — 14

1과 **기쁨과 슬픔** Joys and Sorrows — 17

2과 **초대와 방문** Invitations and Visits — 31

3과 **건강과 운동** Health and Exercise — 45

4과 **추억과 경험** Memories and Experiences — 59

5과 **날씨와 기후** Weather and Climate — 73

6과 **음식과 조리법** Foods and Recipes — 87

7과 **신고와 신청** Reports and Applications — 101

8과 **친구와 연인** Friends and Lovers — 115

9과 **축제와 공연** Festivals and Performances — 129

부록 Appendix — 143

교재 구성표
Scope and Sequence

단원 Lesson	1과 기쁨과 슬픔	2과 초대와 방문	3과 건강과 운동	4과 추억과 경험	5과 날씨와 기후
어휘 Vocabulary	• 감정 • 위로	• 초대 • 방문 선물	• 건강 이상 증상 • 여러 가지 동작	• 학창 시절 • 회상	• 날씨 1 • 날씨 2
말하기 Conversation	• 공감 표현하기 • 위로하기	• 초대하기 • 감사 표현하기	• 조언하기 • 움직임 표현하기	• 회상 표현하기 • 기억에 남는 일 말하기	• 날씨 표현하기 • 걱정 표현하기
듣고 말하기 Listening & Speaking	• 승진 축하하는 대화 듣기 • 축하하기, 위로하기	• 초대와 방문에 대한 대화 듣기 • 고향의 초대와 방문 문화에 대해 이야기하기	• 건강에 관련된 대화 듣기 • 건강을 지키기 위한 자신만의 방법 말하기	• 학창 시절의 추억 듣기 • 학창 시절 기억에 남는 일 말하기	• 날씨 관련 대화 듣기 • 모임이나 행사를 준비하면서 걱정되는 일 말하기
읽고 쓰기 Reading & Writing	• 위로 받은 경험에 대한 글 읽기 • 축하나 위로 받은 경험 쓰기	• 여행 블로그 글 읽기 • 여행 가서 도움 받은 경험 쓰기	• 온라인 건강 상담 관련 글 읽기 • 건강 관련 문제점과 조언 쓰기	• 이메일 읽기 • 작별 인사 이메일 쓰기	• 날씨 관련 옛날 이야기 읽기 • 장마의 장점과 단점 찾아서 쓰기
문화 Culture	• 축의금 • 아버지? 아버님?	• 달라진 집들이 문화 • 고맙다 vs 감사하다	• 보양식 • 한국인의 현대병	• 동창과 동창회 • 한국 전통 결혼식	• 복날 • 장마철
핵심 표현 Grammar Points	• A/V–겠–, A/V–았겠/었겠– • V–아야겠/어야겠– • A–다고 들었다, V–ㄴ다고/는다고 들었다, N(이)라고 들었다 • 'ㅅ' 불규칙	• N(이)나 • 아무 N도 • V–(으)ㄴ/는 덕분에, N 덕분에 • V–는 길에	• V–기 위해(서) • N마다 N씩 • V–이/히/리/기/우– • V–았다가/었다가	• A/V–더니 ① • V–곤 하다 • A–아하다/어하다 • A–(으)ㄴ 척하다, V–는 척하다, N인 척하다	• V–이/히/리/기– • A/V–더니 ② • A/V–(으)ㄹ 텐데 • A/V–(으)ㄹ까 봐

단원 Lesson	6과 음식과 조리법	7과 신고와 신청	8과 친구와 연인	9과 축제와 공연
어휘 Vocabulary	• 맛 • 조리법	• 신고 • 신청	• 친구, 연인 • 성격, 태도	• 전통 공연 • 감상, 평
말하기 Conversation	• 맛있는 음식이나 식당 권유하기 • 조리법 소개하기	• 정보 구하기 • 신청하기	• 안부 묻기 • 성격과 태도 표현하기	• 추천하기 • 정보 확인하기
듣고 말하기 Listening & Speaking	• 안동 여행 대화 듣기 • 여행지와 대표 음식에 대해 이야기하기	• 도난 신고하는 대화 듣기 • 신고에 대한 정보 구하기	• 오랜만에 만난 친구와의 대화 듣기 • 친구들의 성격과 태도에 대해 이야기하기	• 해외에서의 K-Pop 인기에 관한 인터뷰 듣기 • 기억에 남는 공연에 대해 이야기하기
읽고 쓰기 Reading & Writing	• 김치에 대한 설명문 읽기 • 고향 음식에 대해 쓰기	• 장학금 신청 관련 안내문 읽기 • 장학금 신청서 작성하기	• 친구 문제로 상담하는 글 읽기 • 친구와 애인의 차이점 쓰기	• 지역 축제 추천하는 기사 읽기 • 고향의 축제 소개하는 글 쓰기
문화 Culture	• 신당동떡볶이 타운 • 김밥	• AS 센터 • 한국의 도장 문화	• 단짝 • 소개팅	• 부산국제영화제 • 판소리
핵심 표현 Grammar Points	• A/V-(으)ㄴ/는 데다가 • A/V-던데(요) • V-(으)ㄴ/는 대로, N대로 • V-아/어 놓다	• A-(으)ㄴ가요?, V-나요?, N인가요? • V-아지다/어지다 • V-는 대신(에), N 대신(에) • V-아/어 버리다	• N 만에, N 만이다 • V-고 보니(까) • A-(으)ㄴ데도, V-는데도, N인데도 • V-게 하다	• N(이)라고 해서 다 A/V-(으)ㄴ/는 것은 아니다 • V-아다/어다 주다 • A/V-다/냐/(으)라/자고(요)?, N(이)라고(요)? • N(이)든지

교재 구성표 Scope and Sequence

1 기쁨과 슬픔
Joys and Sorrows

You will be able to

listen and react appropriately to what someone says.
console someone who is in grief.

Vocabulary

1. 다음은 감정을 나타내는 어휘와 표현입니다.
언제 이런 감정을 느끼게 되는지 이야기해 보세요.
The following are words and phrases that express feelings. Talk about when you have such feelings.

신(이) 나다

뿌듯하다

자랑스럽다

안타깝다

속상하다

가슴[마음](이) 아프다

긴장(이) 되다

섭섭하다

짜증(이) 나다

2. 다음은 위로와 관련된 어휘와 표현입니다.
   어떤 상황에서 이렇게 위로하면 좋은지 이야기해 보세요.
   The following are words and phrases that are related to consolation. Talk about how you think you should console someone in certain situations.

Conversation 1

SB Track 01

A 5월에 결혼한다면서요? 축하해요, 소영 씨.
B 고마워요. 청첩장 나오면 아유미 씨한테 제일 먼저 드릴게요.
A 요즘 결혼 준비하느라고 바쁘겠어요.
B 네. 생각보다 준비할 게 많네요.
A 그렇지요? 저도 결혼 준비할 때 얼마나 힘들었는데요.
B 맞아요. 준비할 것도 많고 신경 쓸 일도 너무 많아요.
A 그래도 좋은 사람 만나서 결혼하니까 행복하지요?
B 네. 그런데 아버지께서 좀 섭섭하다고 하세요.
A 앞으로 부모님께 더 잘해 드리면 되잖아요.
B 네. 더 잘해 드려야겠어요.

청첩장 wedding invitation
신경(을) 쓰다 to take care

Culture

축의금 Congratulatory Money

It is the norm to give '축의금' instead of a present to celebrate a wedding in Korea. Even if one cannot attend a wedding, it is common to ask another guest to pass on the congratulatory money for him or her.

다음과 같이 이야기해 보세요.
Practice the conversation as follows.

> 장학금을 받았다면서요? 축하해요.

> 고마워요.

> 그동안 힘들었겠어요.

> 네. 좀 그랬어요.

> 그래도 부러운데요. 저도 이제 열심히 공부해야겠어요.

장학금을 받다	
취직하다	바쁘다
승진하다	힘들다
논문을 끝내다	고생이 많다
새집으로 이사하다	

장학금 scholarship
승진하다 to get promoted
논문 thesis

Grammar Points

A/V-겠-, A/V-았겠/었겠-

'-겠-' is used when forming a conjecture about a situation or state. '-았겠/었겠-' is used when forming a conjecture about a past event.

- 아유미 씨가 이 선물을 받으면 정말 좋아하겠어요.
- 방학 동안 아르바이트를 하느라고 힘들었겠어요.

V-아야겠/어야겠-

'-아야겠/어야겠-' is used when expressing the speaker's volition or conjecture about an action that ought to be done.

- 이번 방학 때 저는 운전을 배워야겠어요.
- 어머니께서 기다리시니까 너 빨리 집에 가야겠다.

Conversation 2

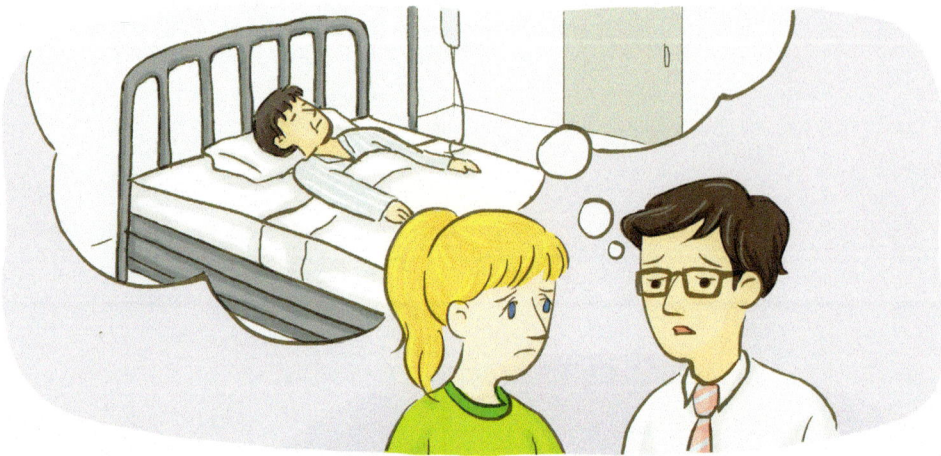

A 우빈 씨, 아버님 건강이 안 좋으시다고 들었어요.

B 네, 며칠 전에 병원에 입원하셨어요.

A 입원요? 많이 편찮으신가 보네요.

B 그냥 감기인 줄 알았는데 의사 선생님이 입원해야 된다고 하셨어요.

A 너무 걱정하지 마세요. 치료 받으면 곧 나으실 거예요.

B 편찮으신데 병원에도 안 가고 일만 열심히 하신 아버지를 생각하면 가슴이 아파요.

A 기운 내세요. 우빈 씨가 기운을 내야 아버님 간호도 할 수 있잖아요. 아버님은 꼭 건강해지실 거예요.

B 고마워요.

입원하다 to be admitted to the hospital
치료(를) 받다 to get treated
간호하다 to nurse

아버지? 아버님? My Father? Your Father?

'아버지' is used to indicate one's own father, while '아버님' is used when speaking about someone else's father. One can also refer to one's own father as '아버님' when talking with others, however, '아버님' should be used in conjunction with '제' or '저희,' as in '제 아버님' or '저희 아버님' so that it can be distinguished from someone else's father.

다음과 같이 이야기해 보세요.
Practice the conversation as follows.

- 동생이 다쳤다고 들었어요.
- 네, 동생이 교통사고를 당해서 병원에 입원했어요.
- 너무 걱정하지 마세요. (빨리, 다음에, 곧, 다시) ……
- 고마워요.

Grammar Points

A-다고 들었다, V-ㄴ다고/는다고 들었다, N(이)라고 들었다

'-다고 들었다' is used when indirectly quoting information that the speaker heard from someone else.
- 거기는 주말에도 사람이 없다고 들었어요.
- 선영 씨 남편이 변호사라고 들었어요.

'ㅅ' 불규칙

'ㅅ' irregular verbs and adjectives drop their final consonant 'ㅅ' when they are combined with suffixes that begin with a vowel. However, '웃다, 씻다, 벗다' are regular verbs so they do not drop their final consonant 'ㅅ.'
- 아이 이름을 누가 지었어요?
- 두 문장을 이어서 한 문장으로 만드세요.

Listening & Speaking

1. 잘 듣고 질문에 답하세요.
Listen carefully and answer the questions.

SB Track 03

1) 우빈에게 왜 위로가 필요합니까?
   Why does Woo-bin need to be consoled?

   _____

2) 들은 내용과 같으면 O, 다르면 X 하세요.
   Mark O if the statement is true and X if it is false.

   ① 여자는 오늘 저녁 모임에 참석할 수 없다.   (   )
   ② 레이는 우빈과 같이 일한 적이 없다.   (   )
   ③ 레이는 오늘 일이 끝난 후에 한턱내려고 한다.   (   )

참석하다 to attend
한턱내다 to treat

2. 두 친구에게 알맞은 말을 해 주세요.
Respond appropriately to the two people in the given situations.

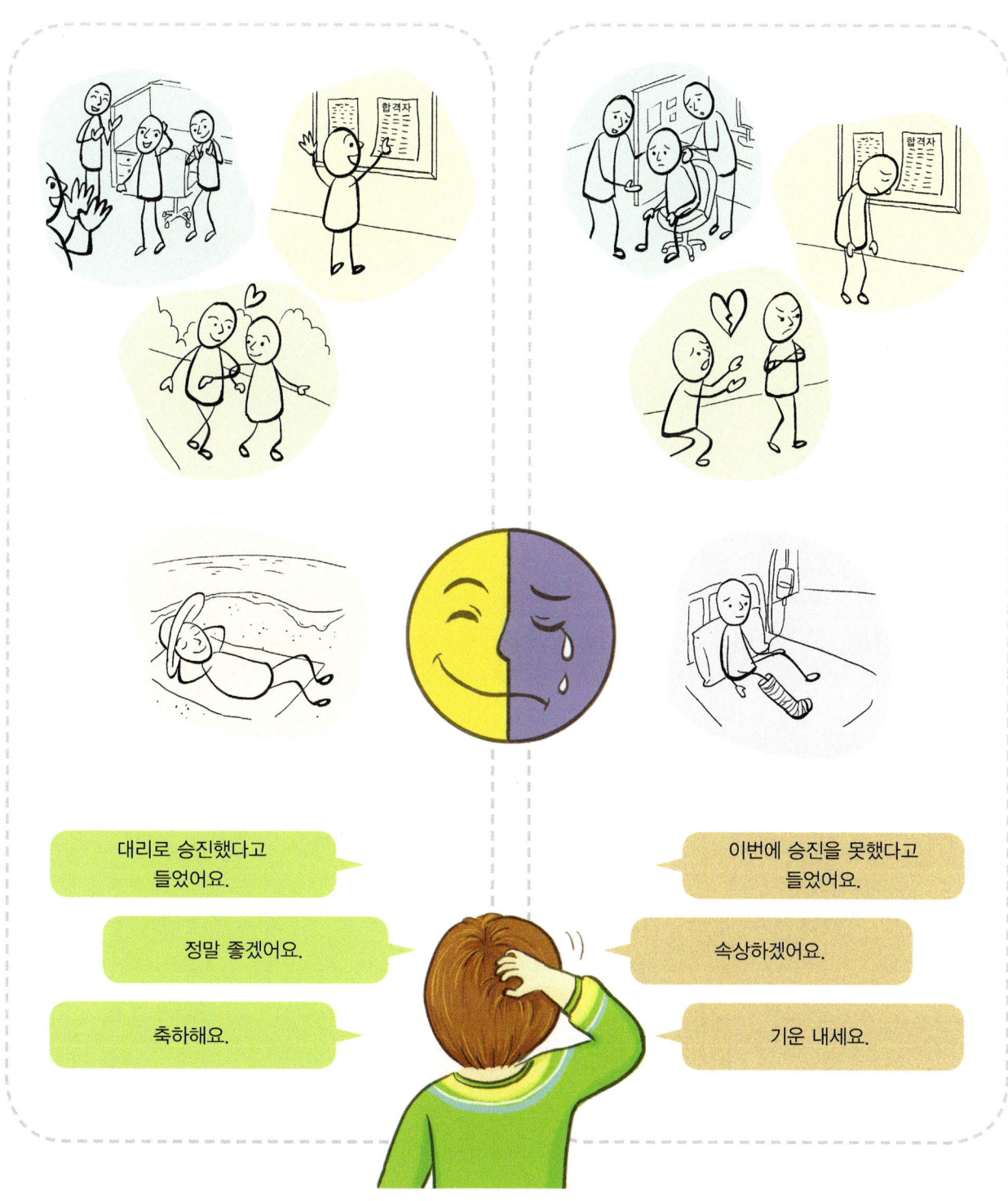

Reading & Writing

1. 다음을 읽고 질문에 답하세요.
   Read the following passage and answer the questions.

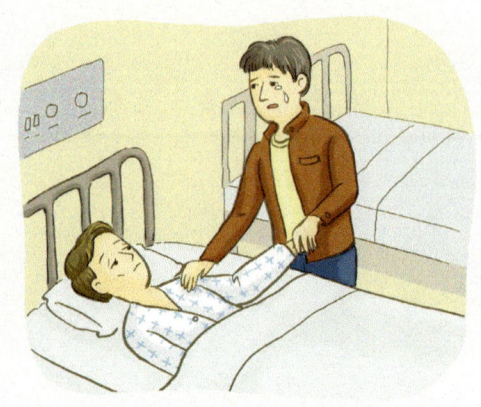

저는 얼마 전에 병원에 입원한 적이 있습니다. 제가 입원했다는 말을 들은 친구들은 입원한 첫날부터 병원에 찾아와서 많은 위로의 말을 해 주고 갔습니다. 하지만 저에게는 그 말들이 별로 위로가 되지 않았습니다. '나는 이렇게 아픈데 친구들은 건강해서 좋겠다'는 생각밖에 들지 않았습니다.

다음 날 저를 찾아온 한 친구는 저를 보며 아무 말도 하지 않았습니다. 누워 있는 제 손을 꼭 잡고 어깨를 토닥여 주었습니다. 그리고 잠시 후 그 친구가 눈물을 흘리기 시작했습니다. 왜 그런지는 모르겠지만 친구의 눈물은 저에게 정말 큰 위로가 되었습니다. 친구와 함께 울고 나니까 그동안의 아픔이 다 없어지는 것 같고 앞으로 모든 일이 다 잘될 것만 같았습니다.

기쁨은 나누면 두 배가 되고 슬픔은 나누면 반이 된다고 합니다. 그런 기쁨과 슬픔을 함께해 주는 사람이 바로 친구입니다. 그런데 저는 기쁜 일이 있을 때 함께 웃어 주는 친구도 소중하지만 슬플 때 함께 울어 주는 친구가 더 소중한 것 같습니다. 아플 때 같이 울어 줄 수 있는 친구가 있는 저는 참 행복한 사람입니다. 여러분은 힘들고 슬플 때 같이 울어 줄 수 있는 친구가 있습니까?

1) 이 사람은 어떤 친구가 소중한 친구라고 생각합니까?
   What kind of friend does the person consider to be a dear friend?

   _____

첫날 the first day
찾아오다 to visit
위로 consolation
생각이 들다 to feel
잠시 for a while
눈물을 흘리다 to shed tears
배 times (counting unit for multiples)
소중하다 to be precious

2) 글의 내용과 같으면 O, 다르면 X 하세요.
   Mark O if the statement is true and X if it is false.

   ① 이 사람은 친구들의 말 덕분에 큰 위로를 받았다. (   )
   ② 이 사람은 한 친구와 함께 운 후에 마음이 편안해졌다. (   )
   ③ 이 사람의 친구들은 며칠 전에 다쳐서 병원에 입원했다. (   )

2. 기쁘거나 슬플 때 여러분은 누구와 함께 있었습니까?
그 사람은 여러분에게 어떻게 위로나 축하를 해 주었습니까?
Whom were you with when you were happy or sad? How did they console or congratulate you?

❶ 메모해 보세요.
Take notes.

	기뻤을 때	슬펐을 때
언제 기뻤어요(슬펐어요)?		
누구와 함께 있었어요?		
그 사람이 뭐라고 말했어요?		
그 사람이 어떻게 해 주었어요?		

❷ 메모를 보고 축하나 위로 받은 경험에 대해 써 보세요.
Based on your notes, write about an experience when you were congratulated or consoled.

Conversation

❶

A I hear you're getting married in May? Congratulations, So-yeong!
B Thanks. When the invitations are ready, I'll give you one first.
A You must be busy getting ready for your wedding these days.
B Yes. There is much more to prepare than I thought.
A I know, right? You have no idea how difficult it was when I was preparing for my wedding.
B Yes. There's a lot to prepare and so much to take care of.
A But you're happy because you met a good person and are getting married, right?
B Yes. But my father says he's a little sad.
A You can treat your parents better from now on. Isn't that right?
B Yes. I'll have to be better to them.

❷

A Woo-bin, I heard your father isn't doing well.
B Yes, he was admitted to the hospital a few days ago.
A Admitted to the hospital? He must be very sick then.
B We thought it was only a cold, but the doctor said he should stay in the hospital.
A Don't worry too much. He'll get better soon when he gets treated.
B It breaks my heart to think of my father who only worked hard and didn't even go to the hospital when he was sick.
A Cheer up! It's only if you cheer up that you'll be able to take care of your father. Your father will definitely get better.
B Thanks.

Vocabulary

신(이) 나다 to be excited
뿌듯하다 to be satisfied
자랑스럽다 to be proud
안타깝다 to be a pity
속상하다 to be upset
가슴[마음](이) 아프다 to be heartbreaking
긴장(이) 되다 to be nervous
섭섭하다 to be disappointed
짜증(이) 나다 to be annoyed
편찮다 to be sick (honorific)
돌아가시다 to pass away

이별하다 to part
(남자 친구와) 헤어지다 to break up (with one's boyfriend)
(여자 친구한테) 차이다 to get dumped (by one's girlfriend)
(사고를) 당하다 to be involved (in an accident)
(상을) 당하다 to be bereaved
(망신을) 당하다 to be humiliated
다 잘될 거예요 Everything will turn out all right
기운[힘] 내세요 Cheer up
안다 to hug
(어깨를) 토닥이다 to pat (one's shoulder)
손을 잡다 to hold hands

Grammar Review

1. A/V-겠-, A/V-았겠/었겠-

A 이번 방학에 제주도로 여행을 갈 거예요.
B 와, 정말 _____.

2. V-아야겠/어야겠-

A 시계 좀 보세요. 10시까지 가야 하는데 벌써 9시 반이에요.
B 빨리 _____.

3. A-다고 들었다, V-ㄴ다고/는다고 들었다, N(이)라고 들었다

A 크리스 씨는 왜 모임에 안 왔어요?
B _____.

4. 'ㅅ' 불규칙

A 감기 다 _____?
B 응. 이제 괜찮아. 거의 다 _____ 것 같아.

모범답안
1. 좋겠어요
2. 출발해야겠어요
3. 아프다고 들었어요
4. 나았어, 나은

2 초대와 방문
Invitations and Visits

You will be able to

offer invitations to others.
express your gratitude to others.

Vocabulary

1. 다음은 사람들을 초대하는 여러 가지 행사입니다.
   언제 무슨 일로 사람들을 초대하는지 이야기해 보세요.
   The following are various events in which you invite people. Talk about when and to what events that you invite people.

결혼식

집들이

돌잔치

개업식

환갑[회갑]잔치 / 칠순 잔치 / 팔순 잔치

2. 다음은 초대를 받고 방문할 때 가져가는 선물입니다.
   언제 이런 선물들을 가져가면 좋은지 이야기해 보세요.
   The following are gifts that you would bring when you are invited to visit someone. Talk about when you should bring such gifts.

돌 반지

축의금

세제

두루마리 화장지

화분

꽃바구니

과일 바구니

Conversation 1

A 에밀리, 이번 주말에 시간 있어?

B 네. 아무 약속도 없는데요.

A 그럼 토요일 7시까지 우리 집에 올래? 친구들을 초대해서 같이 식사나 할까 해서.

B 무슨 좋은 일 있어요, 언니?

A 내가 지난주에 이사를 했거든.

B 그랬어요? 어디로 이사 갔어요?

A 회사 근처에 있는 새로 지은 아파트로 이사했어. 그래서 집들이를 하려고.

B 그럼 뭐 필요한 거 없어요? 제가 선물로 사 갈게요.

A 괜찮으니까 아무것도 가져오지 말고 그냥 와.

B 하하. 알겠어요. 벌써부터 토요일이 기다려지는데요. 언니가 요리를 아주 잘한다고 들었거든요.

초대하다 to invite

달라진 집들이 문화 Cultural Changes in the Housewarming Party

In the past, it was customary in Korea to give matches or candles as housewarming gifts to express hope that good fortune would flare up like fire. However, now that electricity, gas, and other facilities are well developed, Koreans give detergent or toilet paper rolls instead to express their wish that happiness will bubble up like foam and problems will roll away. Furthermore, it was once virtuous to prepare home-cooked meals when hosting a housewarming party. Yet now, these party refreshments have become simplified in which delivery foods are eaten together or light refreshments are served.

◯ **다음과 같이 이야기해 보세요.**
Practice the conversation as follows.

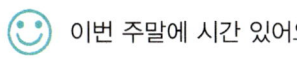 이번 주말에 시간 있어요?

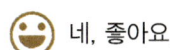 네, 아무 약속도 없어요.

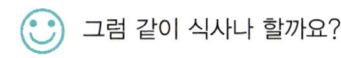 그럼 같이 식사나 할까요?

네, 좋아요.

일
약속
계획
…

Grammar Points

N(이)나

'N(이)나' is used when expressing that the speaker is unsatisfied but fine with something as an alternative.
- 집에 가서 밥이나 먹자.
- 심심한데 영화나 볼까요?

아무 N도

'아무 N도' is used when expressing that nothing is particularly set. It must be followed by negative expressions such as '않다, 없다, or 못하다.'
- 냉장고에 아무것도 없어요.
- 주말에 아무 데도 안 가고 집에 있었어요.

Conversation 2

A 와 줘서 고마워요, 에밀리 씨.

B 이렇게 멋진 전시회에 초대해 줘서 제가 더 고맙지요.

A 에밀리 씨가 도와준 덕분에 전시회를 무사히 열 수 있었어요.

B 별말씀을요. 저도 같이 전시회 준비하면서 즐거웠어요.
참, 이거 받으세요. 오는 길에 우빈 씨 주려고 샀어요.

A 고마워요. 그런데 제가 들국화 좋아하는 거 어떻게 알았어요?

B 우빈 씨가 찍은 사진에 많이 나오잖아요.

A 하하. 그러네요.

B 우빈 씨도 이따가 전시회 끝나고 소영 언니 집들이에 갈 거지요?

A 그럼요. 초대 받았는데 가야지요.

B 그러면 끝날 때까지 기다릴 테니까 같이 가요.

무사히 safely
별말씀 unnecessary comment
들국화 wild chrysanthemum

Culture

고맙다 vs 감사하다 Thanks vs Thank You

Either '고맙다' or '감사하다' can be used when expressing one's gratitude. Both are no different in terms of level of respect. However, Koreans tend to use '감사하다' rather than '고맙다' when expressing their thankfulness in formal contexts or to social superiors.

다음과 같이 이야기해 보세요.
Practice the conversation as follows.

> 감사합니다. 부장님이 도와주신 덕분에 일을 잘 끝낼 수 있었어요.

> 별말을 다 하네.

> 참, 이거 받으세요. 오는 길에 부장님 드리려고 샀어요.

> 고마워요.

도와주다
신경을 써 주다
걱정해 주다
염려해 주다

고마워.
고마워요.
고맙습니다.
감사합니다.

염려하다 to worry

Grammar Points

V-(으)ㄴ/는 덕분에, N 덕분에

'-(으)ㄴ/는 덕분에' and 'N 덕분에' is used when expressing that the previous situation has a positive effect on the following situation.

- 친구가 도와준 덕분에 숙제를 빨리 끝냈어요.
- 세탁기 덕분에 빨래하기가 편해졌어요.

V-는 길에

'-는 길에' is used when expressing that the action in the subsequent clause is done while on the way to doing an action in the antecedent clause. It is only used with verbs indicating movement such as '가다 or 오다.'

- 시장에 가는 길에 친구를 만났어요.
- 학교 갔다 오는 길에 우유 좀 사 오세요.

2과 초대와 방문 Invitations and Visits

Listening & Speaking

1. 잘 듣고 질문에 답하세요.
Listen carefully and answer the questions.

SB Track 06

1) 여자는 어디에 초대 받았습니까?
Where was the woman invited?

_____

2) 들은 내용과 같으면 O, 다르면 X 하세요.
Mark O if the statement is true and X if it is false.

① 여자는 남자에게 초대를 받았다. ( )

② 여자는 선물로 케이크를 준비할 것이다. ( )

③ 한국에서는 결혼식 선물로 보통 돈을 준다. ( )

2. 여러분 나라에서는 언제 사람들을 초대합니까?
   방문할 때 보통 어떤 선물을 가져갑니까? 이야기해 보세요.
   When do you invite people in your country? What kind of gift do you usually bring when you visit someone? Talk about your answers.

Reading & Writing

1. 다음을 읽고 질문에 답하세요.
Read the following passage and answer the questions.

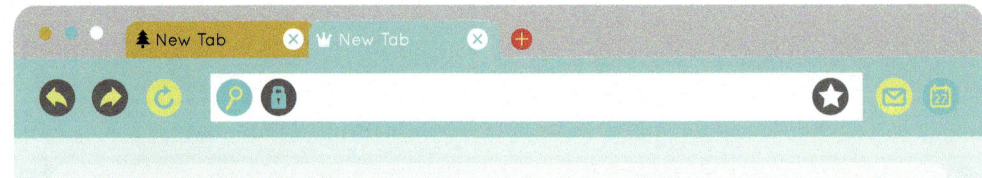

고마워, 요하네스!

아르바이트를 해서 모은 돈으로 스위스에 갔다 왔다. 처음에는 일본에 가려고 했는데 요하네스가 방학 때 꼭 자기 집에 놀러 오라고 해서 스위스에 가게 되었다.

해외여행이 처음이라서 조금 긴장되었다. 그런데 스위스 공항에서 나를 기다리고 있던 요하네스의 얼굴을 보자마자 마음이 편해졌다.

스위스에서의 첫째 날에는 요하네스가 학교에 가야 됐기 때문에 혼자 시내 구경을 했다. 몇 번 길을 잃어버릴 뻔했지만 친절한 사람들을 만난 덕분에 별로 고생하지 않았다.

둘째 날에는 그림처럼 아름다운 호수를 구경하고 나서 시내에 있는 레스토랑에서 요하네스 친구들과 저녁을 먹었다. 다음 날에는 기차를 타고 산에 올라가서 경치를 구경했는데 정말 아름다웠다.

마지막 날에는 하루 종일 비가 내려서 아무 데도 못 가고 집에 있었다. 하지만 요하네스 부모님과 차를 마시면서 이야기를 나누는 것도 참 즐거웠다. 요하네스 부모님께서는 내가 선물로 드린 한과가 참 맛있다고 하셨다.

요하네스! 네 덕분에 좋은 추억 많이 만들고 왔어. 다음에는 한국에서 보자!

해외여행 overseas travel
고생하다 to trouble
이야기(를) 나누다 to talk
한과 Korean traditional sweet and cookies
추억 memory

1) 이 사람은 스위스에서 무엇을 했습니까? 순서를 쓰세요.
What did the person do in Switzerland? Number the events in the correct order.

(　　)　　(　①　)　　(　　)　　(　　)　　(　　)

2) 글의 내용과 같으면 O, 다르면 X 하세요.
Mark O if the statement is true and X if it is false.

① 이 사람은 전에 외국으로 여행을 가 본 적이 있다.　　(　　)

② 이 사람은 초대를 받고 스위스에 사는 친구 집을 방문했다.　　(　　)

③ 이 사람은 여행을 가려고 방학 때 일본에서 아르바이트를 했다.　　(　　)

2. 여행을 가서 다른 사람의 도움을 받은 적이 있습니까? 누구에게 어떤 도움을 받았습니까?
Have you ever received help from others while you were traveling? From whom and what kind of help did you get?

❶ 메모해 보세요.
Take notes.

어디에 갔어요?	어떤 도움을 받았어요?	고마운 마음을 어떻게 표현했어요?

❷ 메모를 보고 여행을 가서 도움을 받은 경험에 대해 써 보세요.
Based on your notes, write about an experience when you received help from others while traveling.

Conversation

❶

A Emily, are you free this weekend?
B Yes. I don't have any plans.
A Then do you want to come over by 7 o'clock this Saturday? I'm thinking of inviting some friends over for dinner.
B Do you have some good news to share?
A I moved last week!
B Really? Where did you move to?
A I moved to a newly built apartment near my workplace. So I'm planning to have a housewarming party.
B Do you need anything then? I'll buy it for you as a gift and bring it over.
A It's fine, so don't bring anything and just come over.
B Haha. Okay. I'm already looking forward to Saturday. I've heard that you're a very good cook!

❷

A Thanks for coming, Emily.
B I'm the one who should thank you for inviting me to such a great exhibition.
A I was able to open the exhibition without any problems thanks to your help.
B Don't mention it. I also had fun when we were getting the exhibition ready together. Oh, please take this. I bought it on the way here to give it to you.
A Thanks! But how did you know that I like chrysanthemums?
B They appear a lot in the photos you took.
A Haha. You're right.
B You're also going to So-yeong's house warming party later when the exhibition is over, right?
A Of course. I was invited, so I should go.
B Then I'll wait until today's exhibition is closed so we can go together.

Vocabulary

결혼식 wedding ceremony
집들이 housewarming party
돌잔치 first birthday party
개업식 grand opening ceremony
환갑[회갑]잔치 sixty-first birthday party (Korean age)
칠순 잔치 seventieth birthday party (Korean age)
팔순 잔치 eightieth birthday party (Korean age)
돌 반지 first-birthday ring
축의금 congratulatory money
세제 detergent
두루마리 화장지 toilet paper roll
화분 flowerpot
꽃바구니 flower basket
과일 바구니 fruit basket

Grammar Review

1. N(이)나

A 점심에 뭐 먹을까?
B 시간도 없는데 ＿＿＿＿＿＿＿＿＿＿＿＿ 먹자.

2. 아무 N도

A 내일 약속 있어요?
B 아니요, ＿＿＿＿＿＿＿＿＿＿＿＿ 없는데요.

3. V-(으)ㄴ/는 덕분에, N 덕분에

A 맛있겠는데요.
B 고마워요. 마크 씨가 ＿＿＿＿＿＿＿＿＿＿ 빨리 만들었어요.

4. V-는 길에

A ＿＿＿＿＿＿＿＿＿＿ 꽃을 좀 사 왔어요.
B 고마워요. 정말 예쁘네요.

모범답안
1. 김밥이나
2. 아무 약속도
3. 도와준 덕분에
4. 오는 길에

3 건강과 운동
Health and Exercise

You will be able to

give advice on health.
express a variety of movements and gestures.

Vocabulary

1. 다음은 건강이 좋지 않을 때 나타나는 증상입니다.
여러분도 이런 적이 있는지 이야기해 보세요.
   The following are symptoms that appear when you are unwell. Talk about whether you have had such symptoms.

어지럽다

두통[편두통]이 심하다

(목이) 뻐근하다

(어깨가) 결리다

(손목이) 시큰거리다

(몸이) 무겁다

2. 다음은 여러 가지 동작을 나타내는 어휘입니다.
그림을 보고 어떻게 하고 있는지 말해 보세요.
The following are words that express various gestures. Look at the picture and speak about what the woman is doing.

Conversation 1

SB Track 07

A 요즘 왜 이렇게 기운도 없고 어지러운지 모르겠어요.

B 소영 씨, 밥도 잘 안 먹고 운동도 전혀 안 하지요?

A 네. 퇴근하고 나면 너무 피곤해서 요리도 하기 싫고 운동하러 나가는 것도 귀찮아서요.

B 건강을 지키기 위해서는 몸에 좋은 음식을 먹고 날마다 조금씩 운동을 해야 돼요.

A 저도 알고는 있지만 실천하는 게 생각처럼 쉽지가 않네요.

B 저는 건강을 위해 아침마다 한 시간씩 수영을 하고 보양식도 자주 챙겨 먹어요. 소영 씨도 운동을 좀 해 보는 게 어때요?

A 저는 아침에 일찍 못 일어나서 운동할 시간이 없어요.

B 그럼 점심식사 후에 30분씩만 걸어 보세요.

A 그거 좋은 생각이네요. 오늘부터 한번 시작해 봐야겠어요.

B 잘 생각했어요.

귀찮다 to be bothersome
지키다 to keep
실천하다 to carry out
보양식 health food
챙겨 먹다 to eat without skipping meals

보양식 Health Food

'보양' means to take care of one's health by relaxing his or her body, and so, '보양식' refers to the food that is eaten to maintain one's health. Common Korean health foods are '삼계탕(chicken soup with ginseng), 추어탕(loach in hot bean paste soup), and 장어 요리(eel dishes),' which are enjoyed by people particularly during the summer when it is easy to lose one's energy and appetite because of the hot weather.

다음과 같이 이야기해 보세요.
Practice the conversation as follows.

 요즘 왜 이렇게 기운도 없고 어지러운지 모르겠어.

 건강을 위해 운동을 좀 해 보는 게 어때?

 나도 알고는 있지만 실천하는 게 쉽지가 않네.

 그럼 날마다 30분씩만 걸어 봐.

기운이 없다	걷다
어지럽다	조깅하다
목이 뻐근하다	등산하다
몸이 무겁다	요가를 하다
살이 찌다	스트레칭을 하다

Grammar Points

V-기 위해(서)

'-기 위해(서)' is used when expressing the intention or purpose of an action.
- 한국말을 배우기 위해서 한국에 왔습니다.
- 돈을 모으기 위해 열심히 아르바이트를 하고 있어요.

N마다 N씩

'N마다 N씩' is used when expressing the repetition of the following noun for each of the previous noun. The following noun indicates amount or size.
- 날마다 한 권씩 책을 읽으려고 해요.
- 저녁마다 30분씩 공원에서 운동을 하고 있어요.

Conversation 2

A 잠깐 쉬었다가 할까요? 어깨도 결리고 목도 너무 뻐근해요.

B 하루 종일 컴퓨터 앞에 앉아서 일해서 그래요. 운동을 좀 해야 되는데.

A 운동이 좋은 건 알지만 시간도 없고 계속 하기도 쉽지가 않아요.

B 저도 운동하려고 아침 일찍 일어났다가 다시 잔 적이 많아요.

A 좀 쉽게 건강을 유지하는 방법은 없을까요?

B 얼마 전에 TV에서 봤는데 스트레칭만 해도 건강을 유지할 수 있대요.

A 그래요? 스트레칭은 저도 매일 할 수 있을 것 같은데요.

B 어깨가 결릴 때는 어깨와 고개를 자주 돌려 주면 좋대요. 그리고 목을 뒤로 젖혔다가 앞으로 숙이는 것을 반복하는 것도 좋고요.

A 지금 한번 해 봐야겠어요.

유지하다 to maintain
반복하다 to repeat

Culture

한국인의 현대병 The Korean's Modern Ailments

Modern people, who use computers or smart-phones for a long time, suffer from a variety of modern ailments due to their poor posture and bad habits. Common examples of these ailments are 'turtle neck syndrome (forward head posture)' and 'carpal tunnel syndrome,' from which many people in Korea, a leading nation in the IT industry, suffer. In order to prevent these illnesses, it is necessary to stretch regularly and develop the habit of maintaining good posture.

○ **다음과 같이 이야기해 보세요.**
Practice the conversation as follows.

 어깨가 너무 결려요.

 그럴 때는 두 팔을 위로 올렸다가 내려 보세요.

| 결리다 | 무겁다 | 뻐근하다 | 시큰거리다 | … |

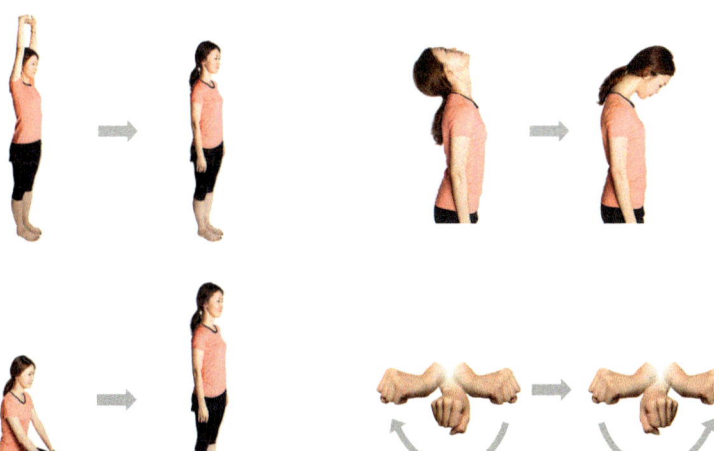

Grammar Points

V-이/히/리/기/우-

'-이/히/리/기/우-' combine with certain verbs to indicate that the action of the subject is done to another person. These verbs are called causative verbs because the subject is causing something to happen to another.

먹다 → 먹이다   입다 → 입히다   살다 → 살리다   벗다 → 벗기다   자다 → 재우다
죽다 → 죽이다   앉다 → 앉히다   알다 → 알리다   신다 → 신기다   깨다 → 깨우다
붙다 → 붙이다   맞다 → 맞히다   울다 → 울리다   맡다 → 맡기다   타다 → 태우다

- 아침에 아이들 깨우기가 너무 힘들어요.
- 이 문제는 쉬워서 모두 맞힐 수 있을 거예요.

V-았다가/었다가

'-았다가/었다가' is used when expressing that after an action or event has been completed, it turns into a different action or event.

- 가방을 샀다가 마음에 안 들어서 바꿨어요.
- 친구에게 이메일을 썼다가 보내지 않고 지웠어요.

Listening & Speaking

1. 잘 듣고 질문에 답하세요.
Listen carefully and answer the questions.

SB Track 09

1) 소영이 피곤해 보이는 이유는 무엇입니까?
Why does So-yeong look tired?

_____

2) 들은 내용과 같으면 O, 다르면 X 하세요.
Mark O if the statement is true and X if it is false.

① 소영은 요즘 조카를 돌보고 있다. ( )
② 소영의 언니는 엄마는 쉬면 안 된다고 생각한다. ( )
③ 소영의 언니는 재충전을 위해 아이를 데리고 여행을 갔다. ( )

조카 nephew; niece
돌보다 to look after
재충전 recharge

2. 여러분은 건강을 위해 무엇을 합니까?
건강을 지키기 위한 자신만의 방법을 이야기해 보세요.
What do you do for your health? Talk about your own way of staying healthy.

Reading & Writing

1. 다음을 읽고 질문에 답하세요.
Read the following passage and answer the questions.

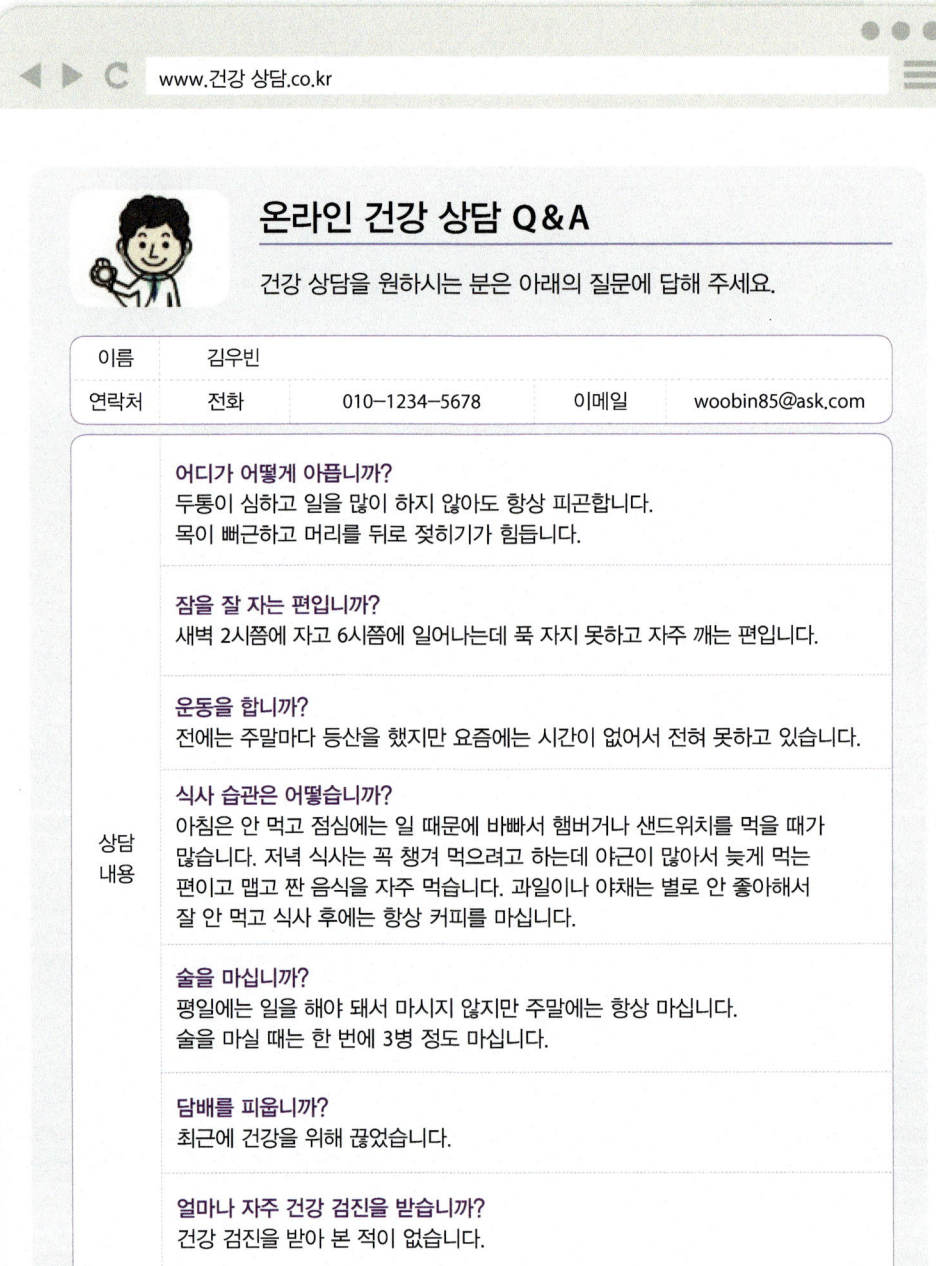

원하다 to want
답하다 to answer
습관 habit
야근 overtime at night
평일 weekday
최근 recently

1) **우빈은 왜 게시판에 글을 남겼습니까?**
Why did Woo-bin leave a message on the bulletin board?

_____

2) **들은 내용과 같으면 O, 다르면 X 하세요.**
Mark O if the statement is true and X if it is false.

① 우빈은 술을 좋아해서 주중에도 3병 정도 마신다. (   )
② 우빈은 야근 때문에 저녁 식사를 늦게 하는 편이다. (   )
③ 우빈은 야채를 좋아하지 않지만 꼭 챙겨 먹으려고 한다. (   )

주중 during the week

2. 여러분의 건강상의 문제점을 쓰고 건강해지기 위해 어떻게 하면 좋은지 써 보세요.
Write about your health problems and what you should do to get healthy.

❶ **메모해 보세요.**
Take notes.

	문제점은 무엇입니까?	건강해지기 위해 어떻게 해야 됩니까?
잠		
운동		
식사		
술 · 담배		
건강 검진		

3과 건강과 운동 Health and Exercise

❷ 메모를 보고 건강해지기 위해 혹은 건강을 유지하기 위해 어떻게 하면 좋은지 써 보세요.
Based on your notes, write about what you should do to get healthy or to stay healthy.

Conversation

❶

A I don't know why I'm so worn out and dizzy these days.
B So-yeong, you don't eat well and exercise at all, right?
A Yes. It's because I'm so tired that I don't want to cook or go out to exercise after coming back home from work.
B In order to stay healthy, you should eat health food and exercise a little every day.
A I know, but it's easier said than done.
B I swim for an hour every morning and eat health food often for my health. Why don't you try to exercise a bit, So-yeong?
A I don't have time to exercise because I can't get up early in the morning.
B Then try walking for just thirty minutes after lunch.
A That's a good idea. I'll have to give that a try starting today.
B That's the spirit!

❷

A Shall we take a break and start again? My shoulders are tight and my neck is really stiff.
B It's because you work all day in front of the computer. You should be getting some exercise.
A I know that it's good to exercise, but I have no time, and it isn't easy to do on a regular basis.
B There're many times when I got up early to exercise too, only to go back to sleep again.
A Isn't there any easy way to stay healthy?
B I recently saw on TV that it's possible to stay healthy if you just stretch every day.
A Really? If I only have to stretch, I think I could do it every day.
B They say when your shoulders are tight, it's good to roll your neck and shoulders around often. Also, it's good to bend your neck back and forward a few times.
A I'll have to give that a try now.

Vocabulary

어지럽다 to be dizzy
두통[편두통]이 심하다 to have a severe headache [migraine]
(목이) 뻐근하다 to feel stiff (in one's neck)
(어깨가) 결리다 to feel tight (in one's shoulders)
(손목이) 시큰거리다 to have a sharp pain (in one's wrist)
(몸이) 무겁다 to feel heavy
(허리를) 펴다 to straighten (one's back)
(머리를) 숙이다 to lower (one's head)
(고개를) 젖히다 to bend back (one's head)
(목을) 돌리다 to roll (one's neck)
(팔을) 뻗다 to stretch out (one's arm)
(팔을) 올리다 to raise (one's arm)
(무릎을) 당기다 to pull (one's knees)
(다리를) 벌리다 to spread (one's legs)
(무릎을) 굽히다 to bend (one's knees)

Grammar Review

1. V-기 위해(서)

A 지금 어디에 가요?
B 공원에요. _____ 며칠 전부터 운동을 시작했거든요.

2. N마다 N씩

A 손목이 좀 시큰거려요.
B 그러면 _____ 손목 운동을 한번 해 보세요.

3. V-이/히/리/기/우-

A 아이한테 감기약을 _____ 너무 힘들어요.
B 약을 잘 먹어야 빨리 나을 텐데 걱정이네요.

4. V-았다가/었다가

A 왜 그래요? 어지러워요?
B 네. _____ 갑자기 일어나서 그런 것 같아요.

모범답안
1. 운동을 하기 위해서
2. 하루 시간마다 5분씩
3. 먹이기가
4. 앉았다가

4 추억과 경험
Memories and Experiences

You will be able to
speak using expressions about past recollections.
talk about memorable events.

Vocabulary

1. 다음은 학교 생활에 관련된 어휘입니다.
여러분의 나라에도 이런 것이 있는지 이야기해 보세요.
The following are words that are related to school life. Talk about whether you have such items or relationships in your country.

교복   체육복

소풍   수학여행

도시락   매점

선배   후배

짝   담임 선생님

2. 다음은 과거의 일을 이야기할 때 사용하는 표현입니다.
   아래의 표현을 사용해서 여러분의 경험을 이야기해 보세요.
   The following are phrases that are used when talking about past events. Talk about your experiences using the phrases below.

그립다

아쉽다

정(이) 들다

인상적이다

기억에 남다

후회(가) 되다

Conversation 1

A 선배, 이 노래 기억 나?

B 그럼 기억 나지. 우리 고등학교 때 유행하던 노래잖아.

A 이 노래 듣고 있으니까 정말 옛날 생각 많이 난다.

B 학교 가는 길에 버스에서 자주 듣곤 했는데. 우리 동창들은 지금 뭐하면서 살고 있을까?

A 얼마 전에 선영이 소식을 들었는데 학교 다닐 때 수학을 좋아하더니 지금 중학교에서 수학을 가르치고 있대.

B 선영이가 수학 선생님이라고? 잘 어울린다.

A 그리고 민호는 기자가 됐다고 들었어.

B 교내 신문사에서 열심히 활동하더니 정말 기자가 된 거야? 대단하다.

A 이렇게 얘기만 하지 말고 우리 동창회 한번 할까?

B 그거 좋겠다. 졸업 앨범에 전화번호가 있을 테니까 한번 연락해 보자.

기억(이) 나다 to remember
동창 alumnus; schoolmate
수학 mathematics
교내 신문사 school newspaper office
활동하다 to act
동창회 alumni meeting

Culture

동창과 동창회 Schoolmates and Alumni Meetings

'동창' refers to those who have studied at the same school and '동창회 or 동문회' refers to meetings where those who graduated from the same school gather to socialize. Koreans normally feel a close bond with their schoolmates, with whom they share memories of school days, as opposed to those they met in their social life or at their workplace. As this friendship is quite special, Koreans hold various annual and even more frequent alumni meetings for schoolmates from elementary school on through college.

다음과 같이 이야기해 보세요.
Practice the conversation as follows.

 이 노래 듣고 있으니까 옛날 생각이 많이 난다.

 학교 가는 길에 버스에서 자주 듣곤 했는데.

 그런데 우리 동창들은 뭐 하면서 살고 있을까?

 선영이는 수학을 좋아하더니 수학 선생님이 됐대.

선영

정우

지수

태민

Grammar Points

A/V–더니 ①

'–더니' is used when expressing that the fact the speaker learned from experience is the reason for the result in the latter part of the sentence. The subject cannot be first person.

- 오전부터 날씨가 흐리더니 비가 오네요.
- 철수가 매일 노래 연습을 하더니 가수가 됐어요.

V–곤 하다

'–곤 하다' is used when expressing the repetition of a situation or habitual past action.

- 아내와 나는 주말마다 산에 가곤 한다.
- 어렸을 때 어머니는 생일 때마다 떡을 만들어 주곤 하셨다.

Conversation 2

A 우리가 한국에 온 지 벌써 2년이나 됐네요.

B 시간이 참 빨리 지나간 것 같아요.

A 에밀리 씨는 한국 생활 중에서 가장 기억에 남는 일이 뭐예요?

B 친구의 전통 결혼식에 초대를 받아서 갔던 일이 가장 기억에 남아요.

A 왜 그게 가장 기억에 남아요?

B 한복이 아주 인상적이었거든요. 신랑 신부가 행복해하는 모습도 정말 보기 좋았고요.

A 신랑 신부를 보면서 부럽지 않았어요?

B 물론 부러웠지요.

A 에밀리 씨도 빨리 멋진 남자를 만나서 결혼하면 되잖아요.

B 사실 그 결혼식에서 만난 신랑의 친구가 마음에 들었는데 친구들이 옆에 있어서 관심 없는 척했던 게 너무 후회가 돼요.

부럽다 to envy
사실 actually

Culture: 한국 전통 결혼식 Korean Traditional Weddings

In traditional Korean weddings, the bride and groom wear traditional clothing and bow to each other while standing in front of a table set with various items (e.g. a pair of wooden geese wishing for happy married life, a hen and a rooster symbolizing fertility and the guardian of the family respectively, jujube meaning to live ever youthfully, and chestnuts wishing for many sons). They toast and promise each other '백년해로,' which means to live together for a long time (literally for 100 years) without separating and to grow old together.

◯ **다음과 같이 이야기해 보세요.**
Practice the conversation as follows.

 한국 생활에서 가장 기억에 남는 일이 뭐예요?

 전통 결혼식에 초대를 받아서 갔던 일이 가장 기억에 남아요.

 왜 그게 가장 기억에 남아요?

 한복이 아주 인상적이었거든요. 신랑 신부가 행복해하는 모습도 정말 보기 좋았고요.

신랑 신부

부모님

조카

친구들

Grammar Points

A-아하다/어하다

'-아하다/어하다' is used when observing a subject and expressing objectively the state of that subject.
- 재민 씨는 개를 무서워해요.
- 내 동생은 경제학을 전공하고 싶어 한다.

A-(으)ㄴ 척하다, V-는 척하다, N인 척하다

'-(으)ㄴ 척하다' is used when expressing that a state or situation is false but appears true by the action of the person in that state or situation.
- 일하기 싫어서 아픈 척했어요.
- 학교에 가는 척하고 친구와 놀러 갔다.

4과 추억과 경험 Memories and Experiences

Listening & Speaking

1. 잘 듣고 질문에 답하세요.
Listen carefully and answer the questions.

1) 두 사람은 무엇에 대해 이야기하고 있습니까?
What are the two people talking about?

_____

2) 들은 내용과 같으면 O, 다르면 X 하세요.
Mark O if the statement is true and X if it is false.

① 여자는 고등학교 때 국어 선생님을 짝사랑했다. ( )

② 남자는 선배에게 수학 문제를 자주 물어보곤 했다. ( )

③ 남자는 자신을 예뻐했던 누나의 친구를 기억하고 있다. ( )

국어 Korean language

2. 여러분은 학창 시절에 어떤 추억이 있습니까? 가장 기억에 남는 일은 무엇입니까?
이야기해 보세요.
What kind of memories do you have from your school days? What are your most memorable moments? Talk about your answers.

학창 시절 one's school days
용기(를) 내다 to muster courage
고백하다 to confess

Reading & Writing

1. 다음을 읽고 질문에 답하세요.
Read the following passage and answer the questions.

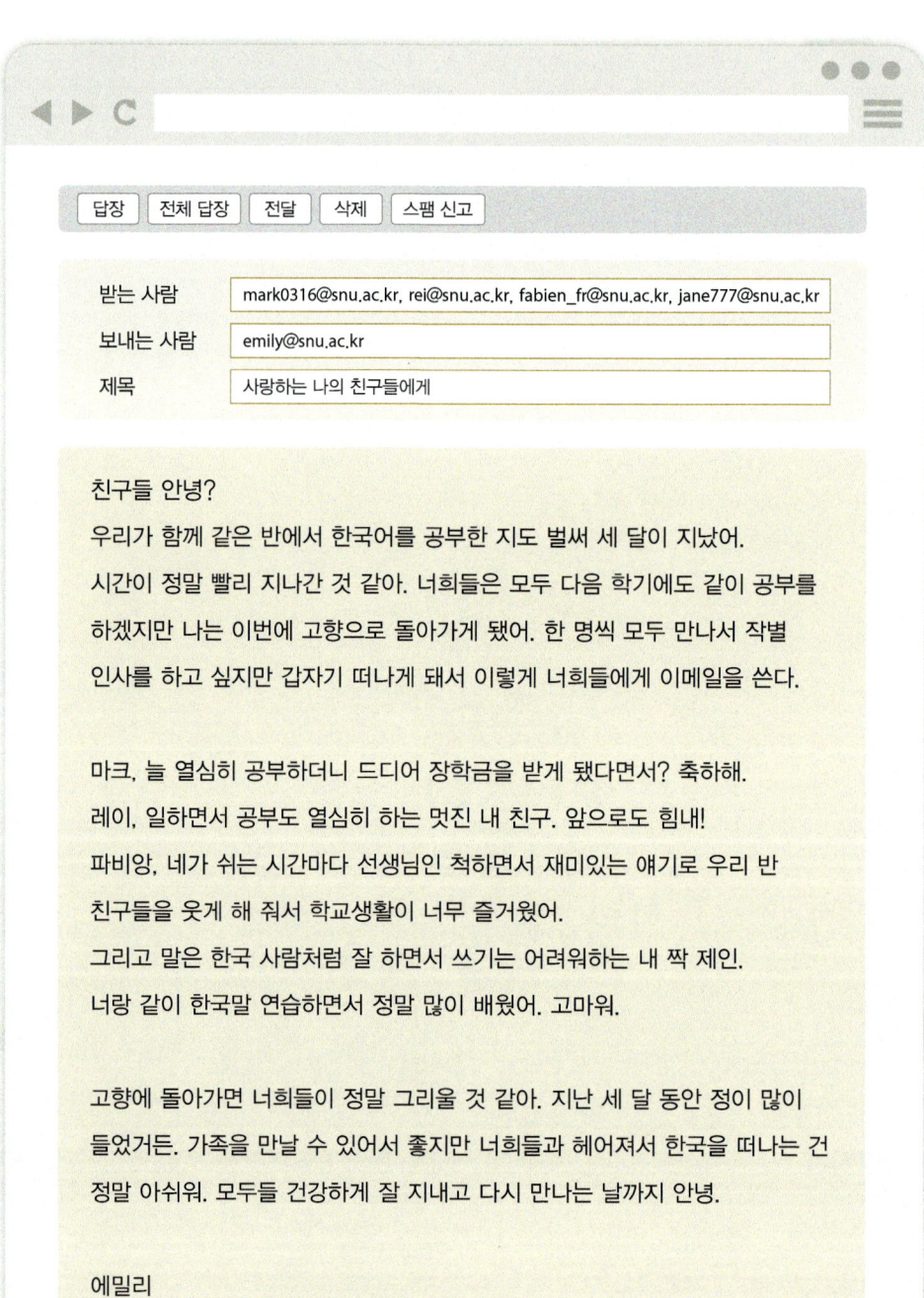

친구들 안녕?
우리가 함께 같은 반에서 한국어를 공부한 지도 벌써 세 달이 지났어. 시간이 정말 빨리 지나간 것 같아. 너희들은 모두 다음 학기에도 같이 공부를 하겠지만 나는 이번에 고향으로 돌아가게 됐어. 한 명씩 모두 만나서 작별 인사를 하고 싶지만 갑자기 떠나게 돼서 이렇게 너희들에게 이메일을 쓴다.

마크, 늘 열심히 공부하더니 드디어 장학금을 받게 됐다면서? 축하해.
레이, 일하면서 공부도 열심히 하는 멋진 내 친구. 앞으로도 힘내!
파비앙, 네가 쉬는 시간마다 선생님인 척하면서 재미있는 얘기로 우리 반 친구들을 웃게 해 줘서 학교생활이 너무 즐거웠어.
그리고 말은 한국 사람처럼 잘 하면서 쓰기는 어려워하는 내 짝 제인. 너랑 같이 한국말 연습하면서 정말 많이 배웠어. 고마워.

고향에 돌아가면 너희들이 정말 그리울 것 같아. 지난 세 달 동안 정이 많이 들었거든. 가족을 만날 수 있어서 좋지만 너희들과 헤어져서 한국을 떠나는 건 정말 아쉬워. 모두들 건강하게 잘 지내고 다시 만나는 날까지 안녕.

에밀리

작별 farewell
너희 you guys
늘 always
드디어 finally

1) 이 글을 쓴 이유는 무엇입니까?
What is the purpose of the email?

_____

2) 글의 내용과 같으면 O, 다르면 X 하세요.
Mark O if the statement is true and X if it is false.

① 에밀리는 짝에게 고마워한다. ( )

② 에밀리는 세 달 동안 친구들을 그리워했다. ( )

③ 에밀리는 파비앙 덕분에 학교생활이 즐거웠다. ( )

2. 여러분은 다음 주에 고향으로 돌아가게 되었습니다.
같이 한국어를 공부한 친구들에게 이메일을 써 보세요.
You are to go back home next week. Write an email to your classmates.

❶ 메모해 보세요.
Take notes.

친구 이름	그 친구와 어떤 추억이 있습니까? 그 친구에게 무슨 말을 해 주고 싶습니까?

4과 추억과 경험 Memories and Experiences

❷ **메모를 보고 친구들에게 이메일을 써 보세요.**
Based on your notes, write an email to your classmates.

| 답장 | 전체 답장 | 전달 | 삭제 | 스팸 신고 |

받는 사람
보내는 사람
제목

Conversation

1

A Joon-ho, do you remember this song?
B Of course, I remember. It's the song that was popular when we were in high school.
A Listening to this song brings back many old memories.
B We used to hear it often on the bus on the way to school. What do you think our classmates are doing now?
A A while ago, I heard news of Seon-yeong. She liked math when we were in school, and now she teaches math at a middle school.
B Seon-yeong is a math teacher? That's fitting.
A And I heard Min-ho became a reporter.
B He was very active in the school newspaper, and now he really has become a reporter? That's great!
A Let's not just talk about it like this. Shall we hold a class reunion?
B That sounds good. Since our classmates' telephone numbers should be in the graduation album, let's try giving them a call.

2

A It's already been two years since we came to Korea.
B It seems time has passed by really quickly.
A Emily, what's your most memorable event while living in Korea?
B My most memorable event is being invited and going to my friend's traditional wedding ceremony.
A Why is that most memorable?
B I was so impressed by the couple's Hanbok. It was also really great to see the happy bride and groom.
A Weren't you envious of the bride and groom when you saw them?
B Of course, I was envious.
A You can meet a great man and get married soon, too.
B To tell the truth, I liked a friend of the groom I met at the wedding. I really regret pretending that I wasn't interested since my friends were around.

Vocabulary

교복 school uniform
체육복 gym clothes
소풍 picnic
수학여행 school field trip
도시락 lunchbox
매점 store
선배 one's senior
후배 one's junior

짝 partner
담임 선생님 homeroom teacher
그립다 to miss
아쉽다 to be a shame
정(이) 들다 to become attached
인상적이다 to be impressive
기억에 남다 to be memorable
후회(가) 되다 to come to regret

Grammar Review

1. A/V–더니 ①

A 마크 씨가 이번에 1등을 했다면서요?
B 네. 열심히 _____ 1등을 했어요.

2. V–곤 하다

A 방학 때 보통 뭐 했어요?
B 어렸을 때는 방학 때마다 할머니 댁에 _____.

3. A–아하다/어하다

A 동생 선물을 사야 하는데 뭐가 좋을까요?
B 이 게임 어때요? 얼마 전에 조카한테 사 줬는데 아주 _____.

4. A–(으)ㄴ 척하다, V–는 척하다, N인 척하다

A 소영 씨가 만든 음식 맛이 어땠어요?
B 별로 맛이 없었어요. 하지만 열심히 만든 소영 씨를 생각해서 _____.

정답: 1. 공부하더니 2. 가곤 했어요 3. 재미있어해요 4. 맛있는 척했어요

5 날씨와 기후
Weather and Climate

You will be able to
describe various types of weather.
express worries about uncertain events.

Vocabulary

1. 다음은 날씨에 관련된 어휘와 표현입니다.
그림을 보고 요즘 날씨에 대해 이야기해 보세요.
The following are words and phrases that are related to the weather. Look at the pictures and talk about the recent weather.

비가 내리다 / 눈이 내리다

비가 그치다 / 눈이 그치다

안개가 끼다 / 구름이 끼다

안개가 걷히다 / 구름이 걷히다

건조하다

습하다

장마가 시작되다

기온이 영하로 내려가다

2. 다음은 생활에 큰 불편을 주는 날씨에 관한 어휘와 표현입니다.
여러분의 고향에서는 어떤 날씨 때문에 걱정을 많이 하는지 이야기해 보세요.

The following are weather conditions that cause great inconveniences in our life. Talk about what kind of weather causes you great worry back home.

무더위

강추위

폭우

폭설

황사가 심하다

일교차가 크다

홍수가 나다

가뭄이 들다

태풍이 오다

우박이 쏟아지다

Conversation 1

A 내가 좀 늦었지? 어젯밤 내린 폭설 때문에 길이 엄청 막히네.

B 저도 1시간 일찍 출발했는데 방금 도착했어요.

A 에밀리 고향에서는 추위나 눈 때문에 이렇게 고생한 적이 별로 없지?

B 네. 고향에서는 기온이 영하로 내려갈 때가 별로 없거든요.

A 그래도 어제까지는 엄청 춥더니 오늘은 좀 풀린 것 같은데.

B 저는 빨리 봄이 왔으면 좋겠어요. 한국에 온 지 3년이나 됐는데 아직 겨울 날씨에 적응이 안 되거든요.

A 그래, 그럴 거야.

B 참, 한국에는 더운 여름에 건강을 지키기 위해 보양식을 먹는 복날이 있잖아요. 그런데 이렇게 추운 겨울에는 왜 그런 날이 없어요?

A 글쎄. 그건 나도 생각해 본 적이 없어서 잘 모르겠다.

엄청 very much
(날씨가) 풀리다 to thaw
복날 Boknal (the hottest days of the year)

Culture

복날 Boknal

'복날' refers to the three seasonal subdivisions between July and August every year (June and July in the lunar calendar) that are the hottest days of the year. Namely, the three days are called '초복(the First Boknal), 중복(the Middle Boknal), and 말복(the Last Boknal).' Because it is easy to become weak during this period due to the heat wave, Koreans customarily eat healthy foods like '삼계탕(ginseng chicken soup)' on the Boknal.

다음과 같이 이야기해 보세요.
Practice the conversation as follows.

 _____ 씨, 잘 지내요?
요즘 그곳 날씨는 어때요?

 며칠 동안 춥더니 오늘은 좀 풀렸어요.

Grammar Points

V-이/히/리/기-

'-이/히/리/기-' combine with certain verbs when expressing that an action is enacted by an agent who is not the sentence subject. These verbs are called passive verbs because the subject is not doing the action, but is instead receiving the action of the verb.

보다 → 보이다   닫다 → 닫히다   열다 → 열리다   끊다 → 끊기다
쌓다 → 쌓이다   읽다 → 읽히다   듣다 → 들리다   안다 → 안기다

A/V-더니②

'-더니' is used when expressing a new fact or situation that differs from that which was learned from previous experience. It is often followed by a fact that contrasts the previous content.

- 한국어 4급은 쉽더니 5급은 좀 어려워졌어요.
- 우빈 씨가 매일 늦게 오더니 오늘은 일찍 오네요.

Conversation 2

A 5월 초인데 벌써 여름 같아요.

B 그러게요. 갑자기 더워지니까 봄이 언제 왔다 갔는지 모르겠어요.

A 한국 친구들도 그런 말을 많이 해요. 요즘 봄과 가을이 너무 짧아진 것 같다고요.

B 저는 계절 중에서 봄을 제일 좋아하는데 안타깝네요.

A 그런데 올해는 장마도 일찍 시작된다면서요? 작년처럼 비가 많이 올까 봐 걱정이에요.

B 작년에 비가 많이 왔어요?

A 네. 갑자기 비가 많이 내려서 도로가 물에 잠긴 적도 있어요.

B 그래요? 저는 아직 한국에서 여름을 지내본 적이 없어서 몰랐어요.

A 장마가 끝나면 곧 무더위가 시작될 텐데 사실 그게 더 걱정이에요. 전 더운 게 정말 싫거든요.

B 저도 더운 건 정말 싫은데 걱정이네요.

초 beginning
(물에) 잠기다 to sink (under water)

Culture

장마철 Monsoons

'장마' is a phenomenon or weather in which it rains for many days in a row during summer. In Korea, the monsoon generally begins in late June and ends in late July. Due to concentrated heavy rains that fall for a short period of time during the monsoon season, damage by localized torrential rain often occurs, and normally, when the monsoon season ends, the heat wave officially begins.

다음과 같이 이야기해 보세요.
Practice the conversation as follows.

 작년처럼 비가 많이 올까 봐 걱정이에요.

 작년에 비가 많이 왔어요?

 네. 도로가 물에 잠긴 적도 있어요.

 그래요? 몰랐어요. 사실 전 곧 무더위가 시작될 텐데 그게 더 걱정이에요.

강추위가 오다
장마가 시작되다
채솟값이 오르다
무더위가 시작되다
시험 점수가 나오다
...

Grammar Points

A/V-(으)ㄹ 텐데

'-(으)ㄹ 텐데' is used when expressing the speaker's bold conjecture about a certain future matter or situation, and is used when the content of the subsequent clause is based on the conjecture of the antecedent clause.

- 오늘은 바쁘실 텐데 내일 만나는 게 어때요?
- 오후에 비가 올 텐데 우산을 가지고 가세요.

A/V-(으)ㄹ까 봐

'-(으)ㄹ까 봐' is used when expressing that the speaker worries in advance about the content in the previous clause, and accordingly, takes a certain action in the subsequent clause.

- 여행 가서 아플까 봐 약을 준비했어요.
- 늦게 도착할까 봐 택시를 탔어요.

Listening & Speaking

1. 잘 듣고 질문에 답하세요.
Listen carefully and answer the questions.

SB Track 15

제2터미널		국제선 출발		✈ 24 AUG 10:08
편명	예정 시각	목적지	탑승구	현황
KE 841	12:40	TAIPEI	12	결항
NH 970	12:45	도쿄/나리타	40	CANCELLED
CA 136	12:45	베이징	22	출발 지연
KE 1367	13:10	BEIJING	28	DELAYED
CA 425	13:10	다롄	31	결항
DL 414	13:15	DALIAN	35	CANCELLED
UA 1330	13:25	난징	26	출발 지연
OZ 2860	13:30	DELHI	13	DELAYED

1) 두 사람은 무엇에 대해 의논하고 있습니까?
What are the two people discussing?

_____

2) 들은 내용과 같으면 O, 다르면 X 하세요.
Mark O if the statement is true and X if it is false.

① 여자는 지금 한국에 있다. ( )

② 여자가 선물을 준비할 것이다. ( )

③ 여자는 폭설 때문에 식당에 못 간다. ( )

80 I Love Korean 5

2. 모임이나 행사를 준비해 본 적이 있습니까?
   준비할 때 무엇이 걱정되는지 이야기해 보세요.
   Have you ever organized a get-together or an event? Talk about what worries you when you organize a get-together or an event.

Reading & Writing

1. 다음을 읽고 질문에 답하세요.
Read the following passage and answer the questions.

우산 장수와 부채 장수

옛날에 어머니와 두 아들이 함께 살고 있었습니다. 큰아들은 우산 장수고 작은아들은 부채 장수였는데 어머니는 두 아들 때문에 항상 마음이 편하지 않았습니다. 날씨가 좋은 날에는 "오늘은 비가 안 오니까 큰아들이 우산을 많이 못 팔 텐데 어떡하지?" 하면서 한숨을 쉬고, 비가 오는 날에는 "오늘은 비가 오니까 작은아들이 부채를 많이 못 팔 텐데 어떡하지?" 하면서 한숨을 쉬었습니다. 그 한숨 소리가 너무 커서 이웃까지 들렸습니다.

하루는 어떤 사람이 와서 왜 그렇게 매일 한숨을 쉬느냐고 어머니에게 물었습니다. 어머니는 날씨가 좋으면 큰아들이 우산을 못 팔까 봐 걱정이 되고, 비가 오면 작은아들이 부채를 못 팔까 봐 걱정이 돼서 매일 한숨을 안 쉴 수가 없다고 대답했습니다.

어머니의 말을 들은 그 사람이 말했습니다.

"날씨가 좋으면 부채가 많이 팔릴 테니까 작은아들이 돈을 많이 벌어서 좋고, 비가 오면 우산이 많이 팔릴 테니까 큰아들이 돈을 많이 벌어서 좋지 않습니까? 제 두 아들이 우산 장수와 부채 장수라면 저는 매일 기쁠 것 같은데요."

어머니는 그 사람의 말을 듣고 '아! 그렇지! 내가 매일 이렇게 걱정할 필요가 없었어.' 하는 생각이 들었습니다. 그리고 그날 이후 어머니는 ㉠ _____ _____.

큰아들 eldest son
장수 vendor
작은아들 younger son
부채 hand fan
한숨(을) 쉬다 to sigh
어떤 certain
벌다 to earn
이후 after

82 I Love Korean 5

1) 이 이야기의 중심 생각은 무엇입니까?
What is the main idea of this passage?

_____

2) ㉠에 들어갈 말로 알맞은 것을 고르세요.
Choose the best answer for ㉠.

① 이웃에게 우산과 부채를 모두 팔았습니다.

② 날마다 웃으면서 지낼 수 있게 되었습니다.

③ 비가 오는 날에는 계속 한숨을 쉬었습니다.

④ 날씨가 좋은 날에만 웃을 수 있게 되었습니다.

2. '우산 장수와 부채 장수'처럼 생각하기에 따라 달라지는 것이 많습니다.
A lot depends on what you think as seen in 'The Umbrella Vendor and the Fan Vendor.'

❶ 장마, 더운 날씨, 추운 날씨에 대해 어떻게 생각합니까? 장점과 단점을 찾아보세요.
What do you think about monsoons, hot weather, and cold weather? Find their advantages and disadvantages.

	장마	더운 날씨	추운 날씨
장점	• 집에 있는 시간이 많아서 책을 읽을 시간이 많아져서 좋다. • •	• • •	• • •
단점	• 비 때문에 야외 활동을 못 한다. • 비 때문에 운전하기 힘들다. • 비 때문에 옷과 신발이 항상 젖어 있다.	• • •	• • •

장점 advantage
야외 활동 outdoor activities
젖다 to wet

❷ 장마, 더운 날씨, 추운 날씨 중에서 하나를 골라 장점과 단점을 비교하는 글을 쓰세요.
Choose one weather condition among monsoons, hot weather, and cold weather, and compare its advantages and disadvantages.

Conversation

①

A I'm a little late, aren't I? The roads are really packed because of the heavy snow last night.

B Even though I left an hour earlier than usual, I just got here, too.

A Emily, you haven't really had to go through troubles like this because of the cold or snow in your hometown, right?

B Yes. There aren't many times when the temperature dips below zero in my hometown.

A Even though it was so cold up until yesterday, it seems to have let up a bit today.

B I sure hope spring comes quickly. It's already been three years since I came to Korea, but I'm still not used to the winter weather.

A Yeah, you're right.

B Oh, in Korea, aren't there Boknal when you eat health foods to stay healthy during the hot summers? But, why aren't there such days during such cold winters?

A Well. I wouldn't know because I've never thought about that before.

②

A It's early May but it already seems like summer.

B I know. Since it got hot all of a sudden, I don't know when spring came and went!

A My Korean friends often say that, too. Lately, it seems spring and fall have become too short.

B It's too bad, because I like spring the most out of all the seasons.

A But don't they say that the monsoon will also begin early this year? I'm worried that it'll rain a lot like last year.

B Did it rain a lot last year?

A Yes. It suddenly rained heavily, so there were also times when the roads were flooded.

B Really? I didn't know because I haven't spent a summer in Korea yet.

A When the monsoon is over, the heat wave will begin soon, and I'm actually more worried about that. I really hate the heat, you know.

B I also really hate the heat. It sure is a worry!

Vocabulary

비가 내리다 to rain
눈이 내리다 to snow
비가 그치다 to stop raining
눈이 그치다 to stop snowing
안개가 끼다 to be foggy
구름이 끼다 to be cloudy
안개가 걷히다 (fog) to clear
구름이 걷히다 (cloud) to clear
건조하다 to be dry
습하다 to be humid
장마가 시작되다 (monsoon) to come to begin
기온이 영하로 내려가다 to fall below zero

무더위 heat wave
강추위 bitter cold
폭우 heavy rain
폭설 heavy snow
황사가 심하다 (yellow-dust) to be severe
일교차가 크다 to have a large temperature difference
홍수가 나다 to have a flood
가뭄이 들다 to have a drought
태풍이 오다 to have a typhoon come in
우박이 쏟아지다 to hail heavily

Grammar Review

1. V-이/히/리/기-

A 아까 왜 전화를 끊었어?
B 내가 안 끊었어. 갑자기 _____.

2. A/V-더니 ②

A 지금도 밖에 비 와요?
B 아니요. 아침에는 비가 많이 _____ 지금은 안 와요.

3. A/V-(으)ㄹ 텐데

A 다녀올게.
B 밖이 꽤 _____ 목도리도 하고 가지 그래?

4. A/V-(으)ㄹ까 봐

A 왜 우산을 가져가요?
B 비가 _____ 그래요.

모범답안
1. 끊겼어
2. 오더니
3. 추울 텐데
4. 올까 봐

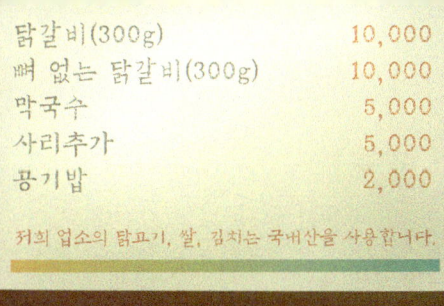

6 음식과 조리법
Foods and Recipes

You will be able to

recommend delicious foods or good restaurants.

introduce recipes.

Vocabulary

1. 다음은 여러 가지 맛을 표현하는 어휘입니다.
   어떤 음식이 이런 맛이 나는지 말해 보세요.
   The following are words that express various tastes. Speak about what kinds of food have such tastes.

2. 다음은 조리법을 표현하는 어휘입니다.
그림을 보고 무엇을 어떻게 하는지 말해 보세요.

The following are words that are used in recipes. Look at the pictures and speak about how they are doing something.

재료 준비

(파를) 썰다 (껍질을) 벗기다 (물을) 붓다

(재료를) 섞다 (마늘을) 다지다 (고기를) 재우다

조리법

(물을) 끓이다 (계란을) 삶다 (고기를) 굽다 (야채를) 볶다 (나물을) 무치다

(야채를) 데치다 (만두를) 찌다 (튀김을) 튀기다 (부침개를) 부치다 (생선을) 조리다

Conversation 1

SB Track 16

A 요즘 수업 잘 듣고 있어?

B 교수님 말씀이 너무 빨라서 알아듣기가 좀 힘들어요. 과제도 너무 많고요.

A 그래? 힘들겠다. 난 그럴 때 맛있는 음식을 먹으면 기운도 나고 기분도 좋아지던데. 뭐 먹고 싶은 거 없어? 내가 사 줄게.

B 글쎄요. 입맛도 별로 없어서요.

A 입맛이 없을 땐 매콤한 음식이 최고야. 오늘 점심에 매콤한 낙지볶음 어때?

B 낙지요? 제가 매운 음식은 잘 먹는 편이지만 낙지는 별로 안 좋아해요.

A 그럼 떡볶이는 어때? 난 떡볶이를 정말 좋아해서 떡볶이 먹으러 신당동에 자주 가는데.

B 신당동요? 떡볶이를 먹어 본 적은 있지만 신당동에는 안 가 봤는데 거기 떡볶이가 그렇게 맛있어요?

A 응. 맛도 좋고 값도 싼 데다가 양도 푸짐해. 같이 먹으러 가자.

과제 assignment
입맛 appetite
낙지 small octopus
양 portion
푸짐하다 to be filling

Culture

신당동떡볶이타운 Sin-dang-dong Tteokbokki Town

'떡볶이' is a well-known snack enjoyed by most Koreans. When you visit Sindang-dong in Seoul, you will find a place called, '신당동떡볶이타운,' where Tteokbokki restaurants line both sides of the alleyway. To get there, take the subway line No. 2 or No. 6 to Sindang Station and go out exit 8. Take a left and walk about 250 meters.

다음과 같이 이야기해 보세요.
Practice the conversation as follows.

 요즘 잠도 잘 못 자고 기운이 없어.

 난 그럴 때 맛있는 음식을 먹으면 힘이 좀 나던데 삼계탕 먹으러 갈까?

 삼계탕?

 응. 삼계탕은 맛도 좋은 데다가 건강에도 좋아.

 그래? 오늘 점심에는 삼계탕을 먹자.

 경복궁 근처에 있는 식당이 삼계탕으로 유명하니까 거기로 가자.

잠을 잘 못 자다
기운이 없다
피곤하다
스트레스가 많다
입맛이 없다

 삼계탕
 닭갈비
 삼겹살
 감자탕
 낙지볶음

Grammar Points

A/V-(으)ㄴ/는 데다가

'-(으)ㄴ/는 데다가' is used when expressing the significance of the previous state or situation with the addition of another state or situation.
- 춘천은 닭갈비로 유명한 데다가 경치도 좋아요.
- 비가 오는 데다가 바람까지 많이 불어요.

A/V-던데(요)

'-던데(요)' is used when expressing that the speaker recalls a certain scene from the past, while talking fondly about that experience, or conveys a certain situation in the past, while anticipating a response from the listener.
- 어제 친구하고 영화를 한 편 봤는데 참 재미있던데요.
- 저 식당은 항상 사람들이 길게 줄을 서서 기다리던데요.

Conversation 2

A 오늘은 지난번에 약속한 대로 김밥 만드는 법을 가르쳐 줄게요.
B 고마워요. 밥은 해 놓았는데 뭐부터 할까요?
A 단무지는 길게 썰어 놓은 걸로 사 놓았지요?
B 네. 그리고 얘기해 준 대로 시금치하고 당근, 고기, 계란도 준비했어요.
A 그럼 필요한 재료가 다 있으니까 이제 김밥 속에 넣을 재료를 만들어 봐요. 우선 시금치는 살짝 데쳐서 무치고 당근은 채를 썰어서 볶아야 돼요.
B 네, 알겠어요. 그다음에는 뭘 하면 되지요?
A 고기는 다져서 프라이팬에 볶고 계란은 얇게 부쳐서 썰면 돼요. 만들기 어렵지 않지요?
B 네. 가르쳐 주는 대로 하니까 생각보다 쉽네요.
A 이제 마지막으로 김 위에 밥과 준비한 재료를 얹어서 말기만 하면 돼요.

만드는 법 recipe
단무지 pickled radish
시금치 spinach
당근 carrot
살짝 lightly
채(를) 썰다 to julienne
얹다 to put on top
말다 to roll

Culture

김밥 Gimbap

'김밥' was once regarded as a delicacy, only eaten for special occasions like school field trips. Thus, children would count down the days until the field trip. However, nowadays, Gimbap is also considered as a quick meal, a popular favorite that can be easily purchased at convenience stores. Its shape and ingredients have become extremely diversified.

○ **다음과 같이 말해 보세요.**
Speak as follows.

오늘은 제가 좋아하는 김밥 만드는 법을 소개할게요. 먼저 쌀을 씻어서 밥을 해 놓으세요. 다음에 ……. 그리고 ……. 마지막으로 …….

Grammar Points

V-(으)ㄴ/는 대로, N대로

'-(으)ㄴ/는 대로' is used when expressing that an action or state follows the same pattern as the previous past action or state. 'N대로' is used when expressing that there is no change based on the previous statement or content.

- 수업 시간에 배운 대로 집에서도 연습하고 있어요.
- 인터넷에 나와 있는 조리법대로 만들려고 해요.

V-아/어 놓다

'-아/어 놓다' is used when expressing that an action has been completed and that state has been maintained.

- 더워서 창문을 좀 열어 놓았어요.
- 어제 만들어 놓은 불고기가 있는데 드릴까요?

6과 음식과 조리법 Foods and Recipes

Listening & Speaking

1. 잘 듣고 질문에 답하세요.
Listen carefully and answer the questions.

1) 안동은 어떤 곳입니까?
What kind of place is Andong?

_____

2) 들은 내용과 같으면 O, 다르면 X 하세요.
Mark O if the statement is true and X if it is false.

찜닭 braised chicken	
간장 soy sauce	
양념 seasoning	
철판 griddle	

① 안동 찜닭은 간장으로 양념을 한다. ( )

② 안동 찜닭은 철판에 볶아서 만든다. ( )

③ 안동 찜닭은 닭갈비보다 맵지 않다. ( )

2. 친구와 주말에 여행을 가려고 합니다.
   어디에 가서 무엇을 하고 무엇을 먹을지 이야기해 보세요.
   You are planning to go on a trip with your friends for the weekend. Talk about where to go, what to do, and what to eat.

Reading & Writing

1. 다음을 읽고 질문에 답하세요.
Read the following passage and answer the questions.

김치

김치는 배추, 무, 오이 등의 채소를 소금에 절인 후 고추, 파, 마늘, 생강, 젓갈 등의 양념을 넣고 발효시켜서 먹는 한국의 대표적인 음식이다. 김치는 지역에 따라 맛과 재료, 만드는 방법 등이 다른데 크게 북쪽과 남쪽 지역으로 나눠 설명할 수 있다.

먼저 한국의 북쪽 지역은 기온이 낮아 김치가 쉽게 익지 않기 때문에 소금을 조금만 넣고 고춧가루도 많이 넣지 않아서 다른 지역의 김치보다 덜 짜고 덜 매운 편이다. 그리고 남쪽 지역은 기온이 높아 소금과 젓갈을 많이 넣고 고춧가루도 많이 넣어서 다른 지역보다 짜고 맵다.

서울과 경기도 서울은 오랫동안 수도였기 때문에 재료를 구하기가 쉬워서 다양한 재료로 김치를 담그는 편이다. 맛은 짜지도 않고 싱겁지도 않은 중간 정도이고 양념들을 다져서 넣기 때문에 보기에 깔끔하다.

경상도 따뜻한 날씨 때문에 김치가 빨리 익는 것을 막기 위해 소금과 젓갈을 많이 넣어 짠 편이고 마늘과 고춧가루를 많이 사용하여 아주 매운 것이 특징이다.

전라도 다른 지역보다 양념을 많이 넣어 맛이 강한 편이지만 전라도는 음식이 맛있기로 유명한 지역이라서 김치 또한 매우 맛있다고 알려져 있다.

배추 cabbage
무 radish
채소 vegetable
절이다 to salt
고추 red-pepper
생강 ginger
젓갈 salted seafood
발효하다 to ferment
대표적이다 to be iconic
지역 area
익다 to be fermented
고춧가루 red-pepper powder
덜 less
담그다 to make (fermented food)
싱겁다 to be bland
강하다 to be strong

1) 김치는 어떤 음식입니까?
   What kind of food is kimchi?

   _____

2) 글의 내용과 같으면 O, 다르면 X 하세요.
   Mark O if the statement is true and X if it is false.

   ① 남쪽 지역 김치가 북쪽 지역 김치보다 매운 편이다. ( )
   ② 추운 지역에서는 김치에 소금을 많이 넣어 만드는 편이다. ( )
   ③ 서울 김치는 다양한 재료로 담그기 때문에 맛있기로 유명하다. ( )

2. 여러분의 고향 음식 중에도 김치처럼 지역마다 만드는 법과 재료가 다른 음식이 있습니까?
   Are there any foods back home that are made differently and have ingredients different with each region like kimchi?

   ❶ 다른 점에 대해 메모해 보세요.
     Take notes about the regional differences of a food back home.

음식 이름	지역	특징

6과 음식과 조리법 Foods and Recipes

❷ 메모를 보고 지역마다 다른 특징이 있는 고향 음식에 대해 써 보세요.
Based on your notes, write about a food back home that has characteristics different with each region.

❶

A Are you enjoying your classes these days?

B My professors talk so fast that it's a bit difficult to understand them. And there's a lot of homework, too.

A Really? That must be tough. At times like this, if I eat delicious food, I cheer up and feel better. Isn't there something you want to eat? I'll buy it for you.

B Well, I don't have much of an appetite.

A Spicy food is the best when you don't feel like eating. How about some spicy Nakji-bokkeum (stir-fried octopus) for lunch today?

B Octopus? Even though I like to eat spicy food, I don't like octopus very much.

A Then, how about Tteokbokki? Since I like it so much, I often go to Sindang-dong to have it.

B Sindang-dong? I've tried Tteokbokki before, but I've never been to Sindang-dong. Is the Tteokbokki that delicious there?

A Yeah. It's tasty and inexpensive, and on top of that, the portions are filling. Let's go have some!

❷

A I'll teach you how to make Gimbap today just as I promised last time.

B Thanks. I pre-cooked the rice, so what should we start with?

A You bought the pickled radish pre-cut into long strips, right?

B Yes. And I prepared the spinach, carrots, meat, and eggs as you told me to.

A Then, since we have all the necessary ingredients we need, let's prepare what we'll put inside the Gimbap. First, we should lightly boil and season the spinach, and then slice and stir-fry the carrots.

B Okay, I got it. What should I do next?

A Just mince and stir-fry the meat in a pan, and then lightly fry and slice the eggs. It isn't hard to make, right?

B Yes. Since I did as you taught me, it's easier than I thought.

A Now lastly, all you have to do is place the cooked rice and prepared ingredients on top of the Gim and roll it up.

Vocabulary

고소하다 to be roasty
매콤하다 to be hot
얼큰하다 to be spicy
달콤하다 to be sweet
느끼하다 to be oily
새콤하다 to be sour
(파를) 썰다 to slice (green onions)
(껍질을) 벗기다 to peel (skins)
(물을) 붓다 to pour (water)
(재료를) 섞다 to mix (ingredients)
(마늘을) 다지다 to mince (garlic)
(고기를) 재우다 to marinate (meat)
(물을) 끓이다 to boil (water)
(계란을) 삶다 to boil (eggs)
(고기를) 굽다 to roast (meat)
(야채를) 볶다 to stir-fry (vegetables)
(나물을) 무치다 to season (herbs)
(야채를) 데치다 to parboil (vegetables)
(만두를) 찌다 to steam (dumplings)
(튀김을) 튀기다 to fry (fritters)
(부침개를) 부치다 to fry (pancakes)
(생선을) 조리다 to boil down (fish)

Grammar Review

1. A/V-(으)ㄴ/는 데다가

A 내일이 여자 친구 생일인데 어디에 가지?
B 한강레스토랑에 한번 가 봐. _____ 음식 값도 별로 안 비싸.

2. A/V-던데(요)

A 학교 앞에 새로 생긴 식당에 가 봤어요?
B 네. 며칠 전에 가 봤는데 _____ .

3. V-(으)ㄴ/는 대로, N대로

A 이 불고기 정말 맛있다. 네가 직접 만든 거야?
B 응. 인터넷에서 _____ 만든 거야.

4. V-아/어 놓다

A 뭐부터 준비할까요?
B 먼저 재료부터 깨끗하게 _____ . 그다음에 쓰는 법을 가르쳐 줄게요.

모범답안
1. 분위기가 좋은 데다가
2. 괜찮더라고요
3. 본 대로
4. 씻어 놓으세요

7 신고와 신청
Reports and Applications

You will be able to
find out information that you need.
make various reports and fill out applications.

Vocabulary

1. 다음은 신고와 신청에 관련된 어휘입니다.
언제 이런 신고와 신청을 하는지 이야기해 보세요.
The following are words that are related to reports and applications. Talk about when you file such reports and applications.

분실 신고	고장 신고	도난 신고
출생 신고	혼인 신고	사망 신고
범죄 신고	화재 신고	실종 신고

| 수강 신청 | 수리 신청 | 신용 카드[체크 카드] 신청 | 여권[비자] 발급 신청 |

2. 다음은 어떤 일을 신고하거나 신청할 때 필요한 표현입니다.
   언제, 어디에서 이렇게 해 봤는지 이야기해 보세요.
   The following are phrases that are necessary when you file reports or applications. Talk about when and where you have filed such reports and applications.

(~에 대해) 문의하다

(신청서를) 작성하다

서명하다 / 도장(을) 찍다

(사진을) 첨부하다

(서류를) 제출하다

접수증(을) 받다

Conversation 1

A 한국전자 고객 센터입니다. 무엇을 도와 드릴까요?
B 휴대폰이 고장이 나서요. 전원 버튼을 아무리 눌러도 안 켜져요.
A 불편을 드려서 죄송합니다. 전원이 안 켜지는 것 외에 다른 문제는 없으십니까?
B 액정도 조금 깨졌어요. 제가 어제 실수로 휴대폰을 바닥에 떨어뜨렸거든요.
A 고객님, 그러면 그 제품은 저희 AS 센터에 수리를 맡기셔야 될 것 같습니다.
B 제가 직장에 다녀서 주말밖에 시간이 없는데 주말엔 몇 시까지 여나요?
A 일요일은 휴무지만 토요일 업무 시간은 평일과 같이 오후 6시까지입니다.
B 예약을 하고 가야 되나요?
A 꼭 예약을 하실 필요는 없지만 예약을 하고 가시면 기다리지 않고 편하게 이용하실 수 있습니다.
B 그러면 제가 신림역 근처에 사는데 제일 가까운 AS 센터 위치 좀 알려 주세요.

고객 customer
전원 power
외 except
액정 Liquid Crystal Display (LCD)
깨지다 to be broken
바닥 floor
떨어뜨리다 to drop
AS 센터 Customer Service Center
휴무이다 to be closed
위치 location

Culture

AS 센터 Customer Service Center

In Korea, the service in which the manufacturer is responsible for making installations, repairs, or inspections after a product has been sold is called 'after service' and abbreviated as 'AS.' In addition, the facilities that perform this service are called AS Centers or Service Centers. If you have questions about how to use a purchased product or if it requires repair, all you have to do is find the manufacturer's corresponding AS Center.

다음과 같이 이야기해 보세요.
Practice the conversation as follows.

- 휴대폰 전원이 안 켜지는데 AS 센터에 가지고 가야 되나요?
- 네, 고객님. 저희 AS 센터에 수리를 맡기셔야 됩니다.
- 몇 시까지 여나요?
- 업무 시간은 오전 9시부터 오후 6시까지입니다.

업무 시간 | 예약 | 위치 | 비용 | 수리 기간

Grammar Points

A-(으)ㄴ가요?, V-나요?, N인가요?

'-(으)ㄴ가요?, -나요?, N인가요?' are interrogative sentences that have a more subtle or friendly feel than '-아요/어요.'
- 지하철역이 여기에서 먼가요?
- 아침에 출근할 때 길이 많이 막히나요?

V-아지다/어지다

'-아지다/어지다' is used when expressing that the subject did not directly do the action, but is affected by the situation by other means. It is a type of passivizing suffix.
- 약속 시간이 정해지면 알려 주세요.
- 이 그릇은 100년 전에 만들어졌다고 한다.

Conversation 2

A 어서 오세요. 무엇을 도와 드릴까요?

B 체크 카드를 잃어버려서 새로 만들려고 하는데요.

A 분실 신고는 하셨어요?

B 네. 어제 전화로 신고했어요.

A 그럼 이 신청서를 작성해 주세요. 신분증은 가지고 오셨죠?

B 지갑을 분실하면서 신분증도 함께 잃어버렸는데 외국인등록증 대신 여권도 되나요?

A 네. 여권도 괜찮습니다.

B 그리고 저는 도장이 없는데 괜찮은가요?

A 그럼요. 요즘은 다른 손님들도 도장을 찍는 대신 서명을 많이 하세요.

B 그래요?

A 그리고 재발급이기 때문에 수수료를 내셔야 돼요. 카드는 곧 발급되니까 잠깐만 기다려 주세요.

신분증 identification card
외국인등록증 alien registration card
재발급 reissuance
수수료 service fee

한국의 도장 문화 Korean Signature Stamp Culture

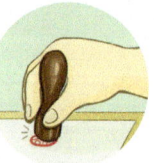

'도장 (signature stamps)' are made out of wood, stone, or metal for individuals, organizations, government offices, etc. to stamp their names on documents. The stamping culture in Korea, which functions to confirm one's identity, is now giving way to a simpler signing culture. However, there still remains a preference that some documents, such as financial documents, are stamped rather than signed.

다음과 같이 이야기해 보세요.
Practice the conversation as follows.

 무엇을 도와 드릴까요?

 카드를 잃어버려서 새로 만들려고 하는데요.

 카드 재발급 신청을 하려면 신분증과 도장이 필요합니다.

 도장을 찍는 대신 서명을 해도 되나요?

카드 재발급 신청 신분증 / 도장	도장 ⇨ 서명
비자 신청 여권 / 사진	저 ⇨ 다른 사람
보험금 신청 영수증 / 진료 확인서	영수증 원본 ⇨ 영수증 사본

보험금 insurance (money)
진료 확인서 medical certificate
원본 original document
사본 copy

Grammar Points

V-는 대신(에), N 대신(에)

'–는 대신(에)' is used when expressing the substitution of the previous action for another action. 'N 대신(에)' is used when expressing the substitution of the previous noun for the following noun or action.
- 비가 와서 산에 가는 대신에 극장에서 영화를 봤다.
- 누나 대신 제가 약국에 갔다 올게요.

V-아/어 버리다

'–아/어 버리다' is used when expressing that an action is completely finished and that the speaker comes to feel either a sense of loss or dissatisfaction, or conversely, a sense of relief.
- 그는 갑자기 전화를 끊어 버렸다.
- 보고서를 끝내 버려서 마음이 편하다.

Listening & Speaking

1. 잘 듣고 질문에 답하세요.
Listen carefully and answer the questions.

SB Track 21

1) 여자는 왜 전화를 했습니까?
Why did the woman make a phone call?

_____

2) 들은 내용과 같으면 O, 다르면 X 하세요.
Mark O if the statement is true and X if it is false.

① 진열되어 있던 휴대폰이 없어졌다. ( )

② 여자가 가게에 왔을 때 창문이 열려 있었다. ( )

③ 계산대에 있는 돈 대신 금고에 있는 돈을 가져갔다. ( )

진열되다 to be displayed
계산대 checkout counter
금고 safe

2. 어디에 신고해야 될까요? 이야기해 보세요.
   Where should you file a report? Talk about your answer.

(집에) 도둑이 들다 to have a burglar break in (into one's house)

Reading & Writing

1. 다음을 읽고 질문에 답하세요.
Read the following passage and answer the questions.

외국인 유학생 장학금 신청 안내

다음과 같이 외국인 유학생 장학금 신청을 받습니다. 관심 있는 분들의 많은 신청을 바랍니다.

- 다 음 -

1. 신청 기간 : 6월 8일(월) ~ 7월 3일(금) 18:00까지
2. 신청 방법 : 대학장학재단 홈페이지에서 신청(www.usf.ac.kr)
3. 신청 대상 : 이수 학점 12학점 이상, B학점(3.0/4.5 평점) 이상의 외국인 재학생
4. 제출 서류 : 1) 외국인장학금 신청서 1부
   2) 외국인등록증 또는 여권 사본 1부
   3) 성적증명서 1부
   4) 통장 사본 1부
5. 결과 발표 : 8월 3일(월) 대학장학재단 홈페이지에 발표
6. 유의 사항 : 전에 이 장학금을 받은 적이 있는 사람은 신청할 수 없습니다.
   모든 서류는 파일로 첨부하고 사진은 최근 3개월 이내에 찍은 것만 됩니다.
   우편 접수는 받지 않습니다.

※ 기타 자세한 사항은 대학장학재단(02-880-5488)으로 문의해 주시기 바랍니다.

대 학 장 학 재 단

재단 foundation
이수 completion
학점 credit; grade
평점 Grade Point Average (GPA)
재학생 enrolled student
부 copy (unit noun)
성적증명서 official transcript
통장 bank book
발표 announcement
유의 사항 matters requiring attention
우편 접수 mail-in application

1) 장학금을 신청할 수 있는 조건은 무엇입니까?
   What are the requirements to be eligible to apply for the scholarship?

   _____

2) 글의 내용과 같으면 O, 다르면 X 하세요.
   Mark O if the statement is true and X if it is false.

   ① 외국인등록증 대신 여권 사본을 제출해도 된다. ( )
   ② 모든 서류는 파일로 첨부해서 3개월 이내에 내야 된다. ( )
   ③ 홈페이지에서 신청하는 대신 서류를 우편으로 보내도 된다. ( )

2. 외국인 유학생 장학금을 신청하려고 합니다. 자기소개서에 어떤 내용을 써야 할까요?
   You are planning to apply for an international student scholarship. What should you write about in your cover letter?

   ❶ 자기소개서에 쓸 내용을 메모해 보세요.
   Take notes about what you will write in your cover letter.

신청 동기	
학업 계획	
자신의 장점	
기타	

   동기 motive   학업 academic achievements

❷ 메모를 보고 장학금 신청서를 작성해 보세요.
Based on your notes, fill out the scholarship application.

외국인 유학생 장학금 신청서

한글 성명			사진 (3cm×4cm)
영문 성명			
생년월일			
국 적		VISA TYPE	
여권 번호		외국인 등록번호	
한국 주소			
해외 주소			
연 락 처		E-MAIL	
학 교		전공	
성적 평점	/ 4.5	한국 체류 기간	년 개월

[자기소개서] – 신청 동기와 학업 계획 등

위에 적은 내용은 모두 사실임을 확인합니다.

년   월   일   본인   (인)

영문 English
생년월일 date of birth
체류 stay
본인 oneself
인 stamp

Conversation

❶

A   You have reached Korean Electronics Customer Service Center. How may I help you?

B   I'm calling because my cell phone is broken. No matter how many times I press the power button, it won't turn on.

A   We apologize for the inconvenience. Are there no other problems besides it not turning on?

B   The screen is a little cracked. It's because I accidentally dropped it on the ground yesterday.

A   Sir, then it sounds like you should drop the device off for repair at our service center.

B   I don't have any time except the weekends because I go to work. Until what time are you open on the weekends?

A   We are closed on Sundays, but our Saturday business hours are until 6pm, like the weekdays.

B   Do I have to make an appointment before I go?

A   You don't need to make an appointment, but if you do, you won't have to wait and it will be more convenient for you.

B   Then, since I live in the Sillim Station area, please let me know the location of the nearest service center.

❷

A   Good afternoon. How may I help you?

B   I lost my debit card, so I'd like to make a new one.

A   Have you reported the lost card?

B   Yes. I reported it by phone yesterday.

A   Then please fill out this registration form. You brought your identification, right?

B   I lost my ID card when I lost my wallet. Instead of my Alien Registration Card, will my passport do?

A   Yes. Your passport is fine, too.

B   And I don't have a stamp. Is that okay?

A   Of course. Many other clients also sign rather than stamp these days.

B   Really?

A   Also, as this is a reissuance, you'll need to pay a fee. The card will be issued right away, so please wait a moment.

Vocabulary

분실 신고 lost item report
고장 신고 damaged item report
도난 신고 theft report
출생 신고 birth registration
혼인 신고 marriage registration
사망 신고 death report
범죄 신고 crime report
화재 신고 fire report
실종 신고 missing person report
수강 신청 class registration
수리 신청 repair application

신용 카드[체크 카드] 신청 credit card [debit card] application
여권[비자] 발급 신청 passport [visa] application
(~에 대해) 문의하다 to make an inquiry (about)
(신청서를) 작성하다 to fill out (an application)
서명하다 to sign
도장(을) 찍다 to stamp
(사진을) 첨부하다 to attach (a photo)
(서류를) 제출하다 to submit (a document)
접수증(을) 받다 to get a filing receipt

Grammar Review

1. A-(으)ㄴ가요?, V-나요?, N인가요?

A 불이 나면 어디에 신고해야 _____?
B 119에 전화하면 돼요.

2. V-아지다/어지다

A 신호등이 _____ 있어요. 고장 났나 봐요.
B 그러게요. 고장 신고를 해야겠어요.

3. V-는 대신(에), N 대신(에)

A 이번 방학에도 여행 갈 거야?
B 아니. 이번에는 _____ 집에서 부모님 일을 좀 도와드릴까 해.

4. V-아/어 버리다

A 오늘 데이트 있다고 하지 않았어? 왜 벌써 와?
B 여자 친구가 화가 나서 집에 _____. 오늘이 100일인 걸 깜박했거든.

모범답안
1. 하나요
2. 켜져
3. 여행 가는 대신에
4. 가 버렸어

8 친구와 연인
Friends and Lovers

You will be able to

ask someone whom you have not seen in a long time about how he or she is doing.

talk about personalities and attitudes using a variety of expressions.

Vocabulary

1. 다음은 여러분과 가깝게 지내는 사람들을 나타내는 어휘입니다.
아래 어휘를 사용해서 여러분 주변 사람들을 소개해 보세요.

The following are words that express people with whom you are close. Use the following words to introduce those around you.

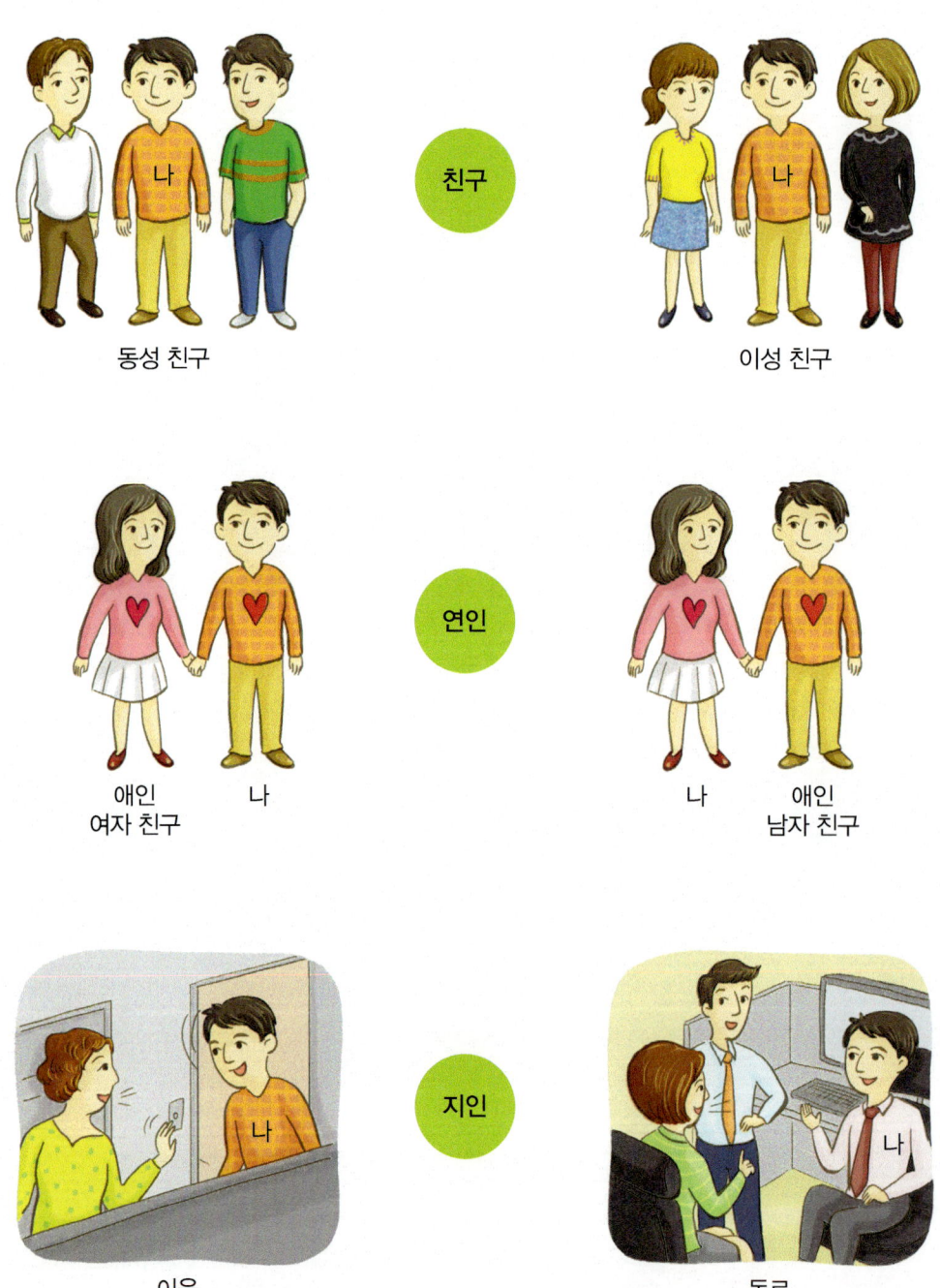

2. 다음은 성격과 태도에 대해 이야기할 때 자주 사용하는 어휘와 표현입니다.
여러분의 성격과 태도는 어떤 편인지 이야기해 보세요.

The following are words and phrases that are often used when talking about personalities and attitudes. Talk about what kind of personality and attitude you have.

Conversation 1

A 오랜만이에요, 마크 씨. 그동안 잘 지냈어요?

B 아유미 씨? 세상에! 이게 얼마 만이에요? 정말 반가워요.

A 한 5년 만인 것 같은데요. 그런데 마크 씨는 하나도 안 변했어요.

B 아유미 씨도 옛날 모습 그대로예요. 그동안 별일 없었죠?

A 그냥 결혼해서 아이 하나 낳고 평범하게 살고 있죠, 뭐.

B 다른 친구들은 어떻게 지내요? 아직도 연락하는 사람 있어요?

A 대부분 연락이 끊겼는데 샤오메이 씨는 가끔 만나서 밥도 먹고 영화도 보고 그래요.

B 샤오메이 씨요?

A 큰소리로 잘 웃던 친구 생각 안 나요? 붙임성이 좋아서 인기가 아주 많았는데.

B 아, 아유미 씨 얘기를 듣고 보니까 누구인지 알 것 같아요. 둘이 단짝이었죠?

A 네. 나중에 시간 날 때 다 같이 모여서 밥 한번 먹어요.

세상에! No way!; Oh my gosh!
한 about
별일 없다 to have nothing special
평범하다 to be normal
아직도 still
대부분 for the most part
단짝 best friends

Culture

단짝 Best Friends

'단짝' refers to two people who understand each other, get along closely and are always together. These best friends share secrets and even every single trivial thought, so their relationship can even be closer than that of family. In the case of best friends who spent their school years together, the relationship often lasts a lifetime.

다음과 같이 이야기해 보세요.
Practice the conversation as follows.

 오랜만이에요.
그동안 잘 지냈어요?

 이게 얼마 만이에요?
정말 반가워요.

 한 5년 만인 것 같은데요.

 옛날 모습 그대로네요.
그동안 별일 없었죠?

 오랜만에 만난 사람에게 안부를 물을 때 자주 쓰는 표현

오랜만[오래간만]이에요.	얼굴이 좋아 보이네요.
(그동안) 잘 지냈어요?	(그동안) 별일 없었죠?
옛날 모습 그대로예요.	하나도 안 변했어요.

Grammar Points

N 만에, N 만이다

'N 만에' is used when expressing that another action occurs after an amount of time has passed. 'N 만이다' is used when expressing how much time has passed since an action occurred.

- 졸업한 지 오 년 만에 그 친구를 다시 만났다.
- 극장에 와서 영화를 본 게 일 년 만이다.

V-고 보니(까)

'-고 보니(까)' is used when expressing that after an action or experience, the speaker came to realize something new that was not known beforehand.

- 지하철에서 내리고 보니 가방이 없었어요.
- 지영 씨 얘기를 듣고 보니까 제가 잘못한 것 같네요.

Conversation 2

A 마크 씨, 오늘 기분이 아주 좋아 보이네요.

B 네. 수업 끝나고 여자 친구 만나기로 했거든요.

A 여자 친구를 사귄 지 오래됐는데도 만날 때마다 그렇게 좋아요?

B 그럼요. 전 요즘도 여자 친구를 만날 때마다 가슴이 두근거려요.

A 부럽네요. 혼자만 데이트 하지 말고 저도 소개팅 좀 시켜 주세요.

B 알았어요. 그런데 어떤 사람을 만나고 싶은데요?

A 저는 머리가 길고 눈이 큰 여자가 좋아요. 웃을 때 귀엽고 옷도 예쁘게 입는 사람이면 좋겠어요.

B 성격은 어땠으면 좋겠어요?

A 활발하고 밝은 성격이면 좋겠어요. 이야기를 재미있게 잘해서 절 항상 웃게 하는 사람이면 좋겠고요. 그리고 똑똑하고 요리도 잘하고…….

B 우빈 씨가 왜 아직 여자 친구가 없는지 알 것 같네요.

두근거리다 to pound
소개팅 blind date

Culture

소개팅 Blind Date

'소개팅' is a combination of the Korean word '소개 (introduce)' and the English word 'meeting,' describing the meeting that takes place, through the help of a matchmaker, between a man and woman who have never met each other and have the intention to begin a relationship. In many cases, the matchmaker is a friend, relative, or coworker close to the man and the woman.

○ **다음과 같이 이야기해 보세요.**
Practice the conversation as follows.

 어떤 사람을 만나고 싶어요?

 저는 머리가 길고 눈이 큰 여자가 좋아요.

 성격은 어땠으면 좋겠어요?

 활발하고 밝은 성격이면 좋겠어요. 그리고 이야기를 재미있게 잘해서 절 항상 웃게 하는 사람이면 좋겠고요.

| 외모 | 성격 | 취미 | ? |

Grammar Points

A-(으)ㄴ데도, V-는데도, N인데도

'-(으)ㄴ데도, -는데도, N인데도' are used when expressing that the results normally expected from the situation of the previous clause are different from the results in the following clause.

- 지영이는 가방이 많은데도 또 샀다.
- 민수는 아이인데도 생각하는 것이 어른 같다.

V-게 하다

'-게 하다' is used when expressing that a person causes, makes, or allows another person to do an action.

- 언니가 동생에게 문을 닫게 했다.
- 엄마가 밤에는 피아노를 못 치게 하신다.

Listening & Speaking

1. 잘 듣고 질문에 답하세요.
Listen carefully and answer the questions.

1) 여자는 왜 남자에게 전화했습니까?
Why did the woman call the man?

_____

2) 들은 내용과 같으면 O, 다르면 X 하세요.
Mark O if the statement is true and X if it is false.

① 두 사람은 서로 안 지 얼마 안 되었다. (   )

② 두 사람은 모두 붙임성이 좋은 편이다. (   )

③ 두 사람은 칼리드에게 여자 친구를 소개해 주려고 한다. (   )

2. 오랜만에 옛 친구에게 전화를 했습니다.
　　 안부를 묻고 옛 친구들에 대해 이야기해 보세요.

8과　친구와 연인　Friends and Lovers　123

Reading & Writing

1. 다음을 읽고 질문에 답하세요.
   Read the following passage and answer the questions.

Q ID: 사랑과 우정사이 님의 질문

저는 지난주에 대학생이 된 후 처음으로 소개팅을 했어요. 같은 과 친구가 소개하는 사람이었는데 어떤 사람이 나올까 궁금해하면서 소개팅에 나갔지요. 그런데 소개팅 장소에 나가고 보니 그 사람은 제 초등학교 동창이었어요. 같은 아파트에 살아서 항상 학교도 같이 다니고, 수업이 끝나면 매일 같이 숙제도 하고 놀기도 했어요. 정말 친하게 지냈던 친구였지요. 그런데 학교를 졸업하고 나서 그 친구가 지방으로 이사를 가게 된 후 서로 연락이 끊겼어요. 저는 그동안 그 친구에 대해 잊고 살았는데 이렇게 소개팅에서 다시 만난 거예요. 그 친구는 7년 만에 저를 다시 만나서 너무 반갑고 좋다고 했어요. 저도 물론 반가웠지만 이상하게 가슴이 두근거려서 말을 잘 할 수 없었어요. 어릴 때 친구를 다시 만났는데 왜 그렇게 가슴이 두근거렸을까요? 여러분, 좀 가르쳐 주세요.

A

ID: **영원한사랑**   친구를 볼 때는 가슴이 두근거리지 않습니다. 좋아하는 이성이 가슴을 두근거리게 하는 거지요. 그분은 곧 사랑과 우정사이 님의 남자 친구가 될 것 같습니다.

ID: **그냥친구**   친구를 다시 만난 것이 너무 기쁘고 좋아서 가슴이 두근거렸을 거예요. 예상하지 못한 일이라서 당황해서 그랬을 수도 있고요.

ID: **소개팅좋아**   처음 소개팅을 하면 누구나 긴장이 되고 가슴이 두근거립니다. 친구를 다시 만나서 기쁘기 때문에 가슴이 두근거린 것인지, 아니면 멋진 남자를 만나서 가슴이 두근거린 것인지 알고 싶으면 앞으로 자주 만나 보세요.

우정 friendship
과 department
지방 province
잊다 to forget
영원하다 to be eternal
예상하다 to expect

1) 여자는 왜 이 글을 썼습니까?
Why did the woman write the post?

_____

2) 글의 내용과 같으면 O, 다르면 X 하세요.
Mark O if the statement is true and X if it is false.

① 여자와 남자는 7년 동안 사귀었다. ( )

② 여자는 소개팅을 한 적이 몇 번 있다. ( )

③ 여자와 남자는 같은 초등학교에 다녔다. ( )

2. 친구와 애인은 어떻게 다를까요?
How are friends and lovers different?

❶ 여러분이 생각하는 친구와 애인의 차이점을 써 보세요.
Write about the differences between those you consider friends and lovers.

친구		애인 (남자 친구/여자 친구)
	손	애인이 내 손을 잡으면 가슴이 두근거리고 기분이 좋다.
	옷	
	선물	
친구가 이성 친구를 사귀면 진심으로 축하해 준다.	이성 친구	
	부모님	

❷ **ID:** 사랑과 우정사이 님의 질문에 대한 댓글을 써 보세요.
Write a comment on the question from 'ID: 사랑과 우정사이.'

Conversation

❶

A Mark, long time no see! How have you been?

B Ayumi? No way! How long has it been? It's so good to see you!

A I think it's been about five years. But you haven't changed a bit!

B You look just like you did back then, too. Everything's been well, right?

A I got married, had a child, and I'm just living a normal life.

B How are our other friends? Is there anyone you still stay in touch with?

A I've lost touch with most of them, but I meet Xiaomei for food and a movie sometimes.

B Xiaomei?

A Don't you remember the girl who laughed out loud a lot? She was sociable, so she was very popular.

B Oh, I think I know who you're talking about now. You two were best friends, right?

A Yeah. When you have time later, let's all get together for a bite to eat.

❷

A Mark, you look like you're in a very good mood today.

B Yeah. I'm meeting my girlfriend after class.

A Are you that happy every time you see her even though you've been together for a long time?

B Of course. Even now, my heart pounds every time I see her.

A Lucky you! Don't just go dating all by yourself. Introduce me to someone!

B All right. But what kind of person do you want to meet?

A I like girls with long hair and big eyes. It would be great if it were someone who is cute when she laughs and dresses nicely.

B What would you want her personality to be like?

A I'd like it if she were lively and bright. It would also be nice if it were someone who's good at talking and always makes me laugh. And she would be smart and be good at cooking...

B I think I know why you still don't have a girlfriend.

Vocabulary

동성 친구 friend of the same gender
이성 친구 friend of the opposite gender
연인 couple; lover
애인 lover
여자 친구 girlfriend
남자 친구 boyfriend
지인 acquaintance
이웃 neighbor
동료 coworker
외향적이다 to be extroverted
내성적이다 to be introverted

느긋하다 to be laid-back
성격이 급하다 to be short-tempered
다정하다 to be friendly
냉정하다 to be cold-hearted
겸손하다 to be humble
거만하다 to be arrogant
예의 바르다 to be polite
무례하다 to be impolite
낯을 가리다 to be shy around strangers
붙임성이 있다[좋다] to be affable

Grammar Review

1. N 만에, N 만이다

A 우리 얼마 _____ 만나는 거지?
B 졸업한 지 3년 _____.

2. V-고 보니(까)

A 어제 소개 받은 사람은 어땠어요?
B _____ 초등학교 동창이었어요.

3. A-(으)ㄴ데도, V-는데도, N인데도

A 에밀리 씨는 어디에 있어요?
B 내일 시험이 _____ 놀러 나갔어요.

4. V-게 하다

A 어제 파티에 왜 안 왔어?
B 엄마가 못 _____.

모범답안
1. 만에, 만이야
2. 만나고 보니까
3. 있는데도
4. 가게 하셨거든

9 축제와 공연
Festivals and Performances

You will be able to
recommend good performances or festivals.
ask again to confirm whether the information you heard is correct.

Vocabulary

1. 다음은 한국 전통 공연의 여러 종류입니다.
어떤 공연인지 이런 공연을 본 적이 있는지 이야기해 보세요.
The following are a variety of Korean traditional performances. Talk about whether you have seen such performances.

판소리

민요

사물놀이

풍물놀이

탈춤

부채춤

2. 다음은 감상과 평에 대한 어휘와 표현입니다.
여러분이 본 공연은 어땠는지 이야기해 보세요.

The following are words and phrases about impressions or reviews on performances. Talk about how the performances that you have seen were.

감동적이다

수준이 높다

지루하다

난해하다

흥겹다

볼만하다

멋지다
대단하다
훌륭하다

9과 축제와 공연 Festivals and Performances

Conversation 1

A 언니, 이번 방학에 고향에서 친구가 오는데 가 볼만한 축제가 있으면 추천 좀 해 주세요. 신나게 놀면서 즐길 수 있는 축제였으면 좋겠어요.

B 그럼 부산국제영화제에 가 보는 건 어때? 여러 나라에서 만든 수준 높은 영화들을 볼 수 있거든. 나도 작년 가을에 가 봤는데 정말 재미있었어.

A 그거 괜찮겠네요. 그런데 영화제라고 해서 영화 관람만 하는 건 아니죠?

B 그럼. 부산은 영화 촬영지로도 유명해서 영화를 찍었던 곳에 가 볼 수도 있고 여러 나라의 배우들을 직접 만나 볼 수도 있어. 그리고 다른 볼거리, 먹을거리, 즐길 거리도 아주 많아.

A 그런데 축제가 언제쯤이에요?

B 10월쯤이었던 것 같은데. 축제 기간은 한 열흘쯤 됐던 것 같고. 자세한 일정이랑 정보는 내가 좀 더 알아다 줄 수 있어.

A 아니에요, 언니. 제가 인터넷으로 알아볼게요. 고마워요.

관람 watch
촬영지 filming location
볼거리 things to watch; spectacle
먹을거리 things to eat; food
즐길 거리 things to enjoy
자세하다 to be detailed

Culture

부산국제영화제 Busan International Film Festival

The Busan International Film Festival, established in 1996 as Korea's first international film festival, is now the major film festival in Asia and is regarded as the most dynamic film festival in the world. At the Busan International Film Festival, one can enjoy films of various genres, which are normally difficult to come across, and films from different countries around the world, as well as appreciate top-notch works that have been selected by film critics. Also, one can personally meet and talk to famous actors and actresses on outdoor stages and participate in various film-related events.

다음과 같이 이야기해 보세요.
Practice the conversation as follows.

 요즘 가 볼만한 축제가 있으면 추천 좀 해 주세요.

 부산국제영화제에 가 보는 건 어때요?

 영화제라고 해서 영화 관람만 하는 건 아니죠?

 그럼요. 영화 촬영지에 가 볼 수도 있고 여러 나라의 배우들을 직접 만나 볼 수도 있어요.

 저도 가 보고 싶은데 축제가 언제쯤이에요?

 10월에 한 열흘쯤 해요. 일정이랑 정보는 제가 좀 더 알아다 줄게요.

부산국제영화제

머드축제

안동탈춤페스티벌

무창포바닷길축제

Grammar Points

N(이)라고 해서 다 A/V-(으)ㄴ/는 것은 아니다

'N(이)라고 해서 다 –(으)ㄴ/는 것은 아니다' is used when expressing that not all common beliefs about certain subjects are applicable.

- 백화점 물건이라고 해서 다 비싼 것은 아니다.
- 선생님이라고 해서 모든 걸 다 아는 것은 아니에요.

V-아다/어다 주다

'–아다/어다 주다' is used when expressing the change of location after an action is completed for the sake of another person.

- 엄마가 김치를 담가다 주셨어요.
- 아이를 유치원에 데려다 줘야 해요.

Conversation 2

A 칼리드 씨, 내일 4시에 학교 강당에서 판소리 공연을 한대요. 시간 되면 같이 갈래요?

B 내일 몇 시 공연이라고요?

A 4시요. 수업 끝나고 나서 같이 점심 먹고 가면 될 것 같아요.

B 판소리 공연은 처음인데 혹시 지루하지 않을까요?

A 북소리에 맞춰서 노래를 이야기하는 것처럼 부르니까 재미있을 거예요.

B 노래를 이야기하는 것처럼 부른다고요?

A 네. 노래를 하면서 이야기에 맞는 몸짓도 같이 해요. 그리고 옆에서 북 치는 사람이 중간에 '좋다', '얼씨구' 같은 소리를 내는데 그러면 공연이 더 흥겨워져요.

B 듣고 보니 재미있겠는데요.

A 저는 앞으로도 계속 전통 공연을 보러 다닐까 하는데 칼리드 씨도 관심 있으면 같이 다닐래요?

B 좋아요. 언제든지 연락 주세요.

북소리 sound of a drum
맞추다 to match
몸짓 gesture
북 drum
얼씨구 hurrah (in a song)

판소리 Pansori

'판소리' is a genre of Korean traditional musical storytelling. The name Pansori is the combination of '판 (wide stage)' and '소리 (to sing).' Pansori is performed by a singer who tells a story and matches one's gestures to the drumbeat as he or she sings. Originally, Pansori songs, comprised of traditional tales or witty stories, were unwritten and transmitted from teacher to student orally. Thus, one of its unique characteristics is that the singers could sing their hearts out on stage according to their mood.

○ **다음과 같이 이야기해 보세요.**
Practice the conversation as follows.

 내일 4시에 판소리 공연을 한대요. 같이 갈래요?

 내일 몇 시 공연이라고요?

 4시요. 판소리는 북소리에 맞춰서 이야기하는 것처럼 부르는 노래래요.

 노래를 이야기하는 것처럼 부른다고요? 재미있겠네요. 저도 전통 공연을 좋아하니까 이런 공연이 있으면 언제든지 연락 주세요.

판소리

사물놀이

탈춤

부채춤

Grammar Points

A/V-다/냐/(으)라/자고(요)?, N(이)라고(요)?

'-다/냐/(으)라/자고(요)?' is used when inquiring again about what was said either when the speaker could not hear it clearly or would like to confirm that what was heard is correct.

- 다음 주부터 백화점에서 세일을 한다고요?
- 저기 새로 지은 건물 이름이 뭐라고요?

N(이)든지

'N(이)든지' is used in conjunction with interrogative pronouns such as '누구, 어디, 언제, and 무엇' to express that regardless of what is chosen, it does not matter. It can be 'any–' or 'every–' depending on the context. '무슨[어느/어떤] N(이)든지' can also be used.

- 언제든지 가도 돼요?
- 출근 시간에는 어디든지 길이 막혀요.

9과 축제와 공연 Festivals and Performances

Listening & Speaking

1. 잘 듣고 질문에 답하세요.
Listen carefully and answer the questions.

SB Track 27

1) 남자는 지금 어디에서 무엇을 하고 있습니까?
Where is the man, and what is he doing now?

_____

2) 들은 내용과 같으면 O, 다르면 X 하세요.
Mark O if the statement is true and X if it is false.

① 한국 가수들은 태국에서 모두 다 인기가 많다. (   )

② 여자는 태국에서도 한국 가수들을 직접 만나 본 적이 있다. (   )

③ 여자는 태국말로 노래해 준 한국 가수들에게 감동을 받았다. (   )

136 I Love Korean 5

2. 기억에 남는 공연이 있습니까? 그 공연은 어땠습니까? 이야기해 보세요.
   Are there any memorable performances for you? How was the performance? Talk about it.

Reading & Writing

1. 다음을 읽고 질문에 답하세요.
Read the following passage and answer the questions.

대한문화신문
20XX-10-1

축제의 계절, 가을

맑고 높은 하늘이 어디로든지 떠나고 싶게 만드는 이 가을, 신나고 즐거운 축제가 여기저기서 열린다.

▶ **무창포 신비의 바닷길 축제**

무창포 해수욕장에서는 오는 5일부터 9일까지 바닷길이 열리는 멋진 모습을 볼 수 있다. 바닷길이 열리면 무창포 해수욕장에서 근처 섬까지 1.5km의 바다를 걸으면서 조개, 소라 등을 잡는 특별한 체험도 가능하다.

▶ **부산자갈치축제**

9일부터 13일까지 5일 동안 부산자갈치축제가 열린다. 이번 축제에서는 축하 공연은 물론 맨손으로 물고기 잡기, 생선회 빨리 먹기 등 다양한 행사가 준비되어 있다. 특히 올해는 3일 정도 부산국제영화제와 행사 기간이 겹쳐서 눈과 입을 모두 즐겁게 하는 축제가 될 것이다.

▶ **서울억새축제**

먼 곳까지 가기 힘들다면 가까운 하늘공원으로 가 보자. 18일부터 27일까지 하늘공원에서는 서울억새축제가 열린다. 평일 낮 시간을 내기 어려운 직장인들을 위해 축제 기간 동안 밤 10시까지 공원을 개방하며 입장료는 무료이다.

대한문화신문 김혜미 기자 20XX-10-1 23:15:00

신비 mystery
바닷길 sea route
해수욕장 beach
조개 clam
소라 conch
맨손 bare hands
겹치다 to overlap
억새 silver grass
개방하다 to open

1) 이 글을 쓴 이유는 무엇입니까?
What is the purpose of the article?

_____

2) 글의 내용과 같으면 O, 다르면 X 하세요.
Mark O if the statement is true and X if it is false.

① 밤에도 하늘공원에서 억새축제를 즐길 수 있다. (　　)

② 서울억새축제와 부산자갈치축제는 둘 다 5일 동안 열린다. (　　)

③ 무창포 신비의 바닷길 축제에 가면 해산물도 잡고 바닷길도 걸을 수 있다. (　　)

2. 여러분 고향에는 어떤 축제가 있습니까? 고향 축제에 대해 소개하는 글을 써 보세요.
What kind of festivals do you have back home? Introduce a festival back home.

❶ 고향 축제에 대해 메모해 보세요.
Take notes about a festival back home.

축제 이름	
축제 기간	
축제 내용	

❷ 메모를 보고 고향 축제를 소개하는 글을 써 보세요.
Based on your notes, introduce a festival back home.

❶

A So-yeong, a friend from home is coming this break. If there's a festival worth going to, please recommend one to me. It would be great if it were a festival where we can have a lot of fun and enjoy ourselves.

B Well, how about going to the Busan International Film Festival? You can see top-notch films made in various countries. I also went last fall and it was really fun.

A That sounds good. But since it's called a film festival, it's not just watching movies, is it?

B Of course not. Busan is also famous for being a filming location, so you can go see where films were shot and meet actors from various countries in person. And there are many other things to see, eat, and enjoy.

A So then, when is the festival?

B I think it was some time in October. And I think it lasted for about ten days. I can find out the schedule and information in more detail and let you know.

A That's all right, So-yeong. I'll look into it on the internet. Thanks.

❷

A Khalid, I hear there'll be a Pansori concert in the school auditorium tomorrow at 4. If you have time, shall we go together?

B What time did you say the concert is tomorrow?

A 4 o'clock. As soon as class ends, we could have lunch and go together.

B It would be my first time at a Pansori concert. It won't be boring, will it?

A The performers sing as if they are telling a story and match the beating of the drums, so it should be interesting.

B Did you say they sing as if they're telling a story?

A Yeah. They move their bodies to fit the story they are telling as they sing. And on the side, the person beating the drum shouts "Great!" and "Hurrah!" in the middle of the performance, making it even more exciting.

B From what you say, it should be interesting.

A I'm thinking about attending more traditional performances in the future. If you're interested, do you want to go with me?

B Sure. Give me a call anytime.

Vocabulary

판소리 Pansori (traditional musical storytelling)
민요 Minyo (traditional folk song)
사물놀이 Samulnori (traditional percussion quartet)
풍물놀이 Pungmulnori (traditional folk music and dance)
탈춤 Talchum (traditional mask dance)
부채춤 Buchaechum (traditional fan dance)
감동적이다 to be touching
수준이 높다 to be of high standards
지루하다 to be boring
난해하다 to be abstruse
흥겹다 to be merry
볼만하다 to be worth watching
멋지다 to be nice
대단하다 to be great
훌륭하다 to be excellent

Grammar Review

1. N(이)라고 해서 다 A/V-(으)ㄴ/는 것은 아니다

A 한국 사람은 다 김치를 좋아해요?
B 아니요. _____.

2. V-아다/어다 주다

A 에밀리 씨, 이따가 집에 올 때 빵 좀 _____.
B 알겠어요. 잊어버리지 않고 꼭 사 올게요.

3. A/V-다/냐/(으)라/자고(요)?, N(이)라고(요)?

A 여보세요. 저 우빈인데요.
B 네? _____? 시끄러워서 잘 안 들려요.

4. N(이)든지

A 마크 씨, 뭐 먹을래요? 오늘 월급 받았으니까 제가 한턱낼게요.
B 저는 _____ 다 잘 먹어요.

모범답안
1. 한국 사람이라고 해서 다 김치를 좋아하는 것은 아니에요
2. 사다 주세요
3. 누구시라고요
4. 뭐든지

부록
Appendix

문법 설명
Grammar Reference

1과 기쁨과 슬픔

1. A/V-겠-, A/V-았겠/었겠-

'-겠-' is used when forming a conjecture about a situation or state.
- 일이 많아서 힘들겠어.
- 하늘을 보니까 내일은 비가 오겠어요.

'-았겠/었겠-' is used when forming a conjecture about a past event.
- 오랜만에 친구를 만나서 참 반가웠겠어요.

2. V-아야겠/어야겠-

'-아야겠/어야겠-' is used when expressing the speaker's volition or conjecture about an action that ought to be done.
- 너무 피곤해서 내일은 좀 쉬어야겠어요.
- 다음 주가 시험이니까 너 오늘부터 공부해야겠다.

3. A-다고 들었다, V-ㄴ다고/는다고 들었다, N(이)라고 들었다

'-다고 들었다' is used when indirectly quoting information that the speaker heard from someone else.
- 그 약이 감기에 좋다고 들었어요.
- 우빈 씨 여자 친구가 배우라고 들었어요.

4. 'ㅅ' 불규칙

'ㅅ' irregular verbs and adjectives drop their final consonant 'ㅅ' when they are combined with suffixes that begin with a vowel.
- 병이 다 나았어요.
- 커피를 잘 저어서 드세요.

However, '웃다, 씻다, 벗다' are regular verbs so they do not drop their final consonant 'ㅅ.'
- 제 동생은 웃을 때 참 예뻐요.

2과 초대와 방문

1. N(이)나

'N(이)나' is used when expressing that the speaker is unsatisfied but fine with something as an alternative.
- 시간 있으면 차나 한잔 할까요?
- 밥하기 싫은데 라면이나 끓여 먹자.

2. 아무 N 도

'아무 N 도' is used when expressing that nothing is particularly set. It must be followed by negative expressions such as '않다, 없다, or 못하다.'
- 아무 일도 하지 않고 쉬고 싶어요.
- 방학에 아무 데도 안 가고 쉴 거예요.

When talking about a person, '아무도' is used without the addition of another noun.
- 교실에 아무도 없어요. (○)
- 교실에 아무 학생도 없어요. (×)

3. V-(으)ㄴ/는 덕분에, N 덕분에

'-(으)ㄴ/는 덕분에' and 'N 덕분에' is used when expressing that the previous situation has a positive effect on the following situation.
- 동생이 도와 준 덕분에 일을 빨리 끝냈어요.
- 선생님 덕분에 한국어를 잘 배울 수 있었어요.

4. V-는 길에

'-는 길에' is used when expressing that the action in the subsequent clause is done while on the way to doing an action in the antecedent clause.
- 집에 오는 길에 빵을 좀 사 오세요.
- 학교에 가는 길에 옛날 친구를 만났어요.

It is only used with verbs indicating movement such as '가다 or 오다.'
- 퇴근하는 길에 꽃을 사 왔다. (○)
- 친구 선물을 사는 길에 꽃을 사 왔다. (×)

3과 건강과 운동

1. V-기 위해(서)

'-기 위해(서)' is used when expressing the intention or purpose of an action.
- 대학에 가기 위해서 열심히 공부하고 있다.
- 좋은 회사에 취직하기 위해 준비 중이에요.

'-(으)려고' is used when merely expressing intention, thus the combined form '-(으)려고 하다' is possible in this sense. However, a specific action rather than '하다' should be followed by '-기 위해서' because the preceding verb that is combined with '-기 위해서' is the purpose of the following action.
- 한국어를 공부하려고 합니다. (○)
- 한국어를 공부하기 위해 합니다. (×)

'N을/를 위해(서)' is also used when it is combined with nouns.
- 나는 환경을 위해 종이컵을 사용하지 않는다.

2. N마다 N씩

'N마다 N씩' is used when expressing the repetition of the following noun for each of the previous noun. The following noun indicates amount or size.
- 날마다 한 시간씩 한국어를 공부해요.
- 지하철은 5분마다 한 대씩 와서 편해요.

'N마다' and 'N씩' can each be used independently. In this case, 'N마다' is used to express 'every' or 'each', while 'N씩' is used to express something is divided into the corresponding amount or size, or to express repetition.

- 사람마다 취미가 다르다.
- 아이들이 사과를 두 개씩 먹었어요.

3. V-이/히/리/기/우-

'-이/히/리/기/우-' combine with certain verbs to indicate that the action of the subject is done to another person. These verbs are called causative verbs because the subject is causing something to happen to another.

이	먹다 → 먹이다 붙다 → 붙이다	죽다 → 죽이다 끓다 → 끓이다
히	입다 → 입히다 맞다 → 맞히다	앉다 → 앉히다 눕다 → 눕히다
리	살다 → 살리다 울다 → 울리다	알다 → 알리다 돌다 → 돌리다
기	벗다 → 벗기다 맡다 → 맡기다	신다 → 신기다 웃다 → 웃기다
우	자다 → 재우다 타다 → 태우다	깨다 → 깨우다 서다 → 세우다

- 아이에게 7시쯤 약을 먹였어요.
- 이 소식을 사람들에게 빨리 알려야겠어요.

4. V-았다가/었다가

'-았다가/었다가' is used when expressing that after an action or event has been completed, it turns into a different action or event.
- 버스를 탔다가 잘못 타서 내렸어요.
- 창문을 열었다가 추워서 닫았어요.

'-다가' is used to express the interruption of an action or state, while '-았다가/었다가' is used to express a change in course after an action has been completed.
- 버스를 탔다가 잘못 타서 내렸어요. (○)
- 버스를 타다가 잘못 타서 내렸어요. (×)

4과 추억과 경험

1. A/V-더니①

'-더니' is used when expressing that the fact the speaker learned from experience is the reason for the result in the latter part of the sentence. The subject cannot be first person.

- 며칠 전부터 목이 아프더니 오늘은 목소리도 안 나와요.
- 둘이 싸우더니 이제는 말도 안 해요.

2. V-곤 하다

'-곤 하다' is used when expressing the repetition of a situation or habitual past action.

- 나는 시간이 나면 서점에 가곤 한다.
- 나는 방학 때마다 도서관에 가서 책을 읽곤 했다.

It cannot be used when expressing situations that cannot repeat.

- 민수는 학교를 졸업하곤 했다. (×)

3. A-아하다/어하다

'-아하다/어하다' is used when observing a subject and expressing objectively the state of that subject.

- 아이들이 이 게임을 재미있어해요.
- 요즘 아버지께서 많이 피곤해하세요.

4. A-(으)ㄴ 척하다, V-는 척하다, N인 척하다

'-(으)ㄴ 척하다' is used when expressing that a state or situation is false but appears true by the action of the person in that state or situation.

- 바쁜 척하고 모임에 안 나갔어요.
- 엄마가 나를 부르셨는데 그냥 자는 척했어요.

When combined with verbs, '-(으)ㄴ 척하다' can also be used in past tense depending on when it happened.

- 밥을 안 먹었지만 먹은 척했어요.
- 맛이 없었지만 맛있게 먹는 척했어요.

5과 날씨와 기후

1. V-이/히/리/기-

'-이/히/리/기-' combine with certain verbs when expressing that an action is enacted by an agent who is not the sentence subject. These verbs are called passive verbs because the subject is not doing the action, but is instead receiving the action of the verb.

이	보다 → 보이다	쌓다 → 쌓이다
	놓다 → 놓이다	바꾸다 → 바뀌다
히	닫다 → 닫히다	읽다 → 읽히다
	막다 → 막히다	잡다 → 잡히다
리	열다 → 열리다	듣다 → 들리다
	걸다 → 걸리다	풀다 → 풀리다
기	끊다 → 끊기다	안다 → 안기다
	쫓다 → 쫓기다	감다 → 감기다

- 창밖으로 바다가 보여요.
- 지금 들리는 소리가 무슨 소리지요?

2. A/V-더니②

'-더니' is used when expressing a new fact or situation that differs from that which was learned from previous experience. It is often followed by a fact that contrasts the previous content.

- 어제는 날씨가 춥더니 오늘은 따뜻하네요.
- 동생이 어렸을 때는 자주 울더니 이제는 잘 안 울어요.

The subject must be second or third person, not the speaker. The subject of the antecedent and subsequent clause must be the same.

- 나는 어렸을 때 자주 울더니 이제는 잘 안 울어요. (×)
- 아이가 울더니 엄마가 노래를 불러 줬어요. (×)

3. A/V-(으)ㄹ 텐데

'-(으)ㄹ 텐데' is used when expressing the speaker's bold conjecture about a certain future matter or situation, and is

used when the content of the subsequent clause is based on the conjecture of the antecedent clause.
- 산에 올라가면 추울 텐데 따뜻하게 입는 게 어때요?
- 길이 막힐 텐데 지하철을 타고 갑시다.

4. A/V-(으)ㄹ까 봐

'-(으)ㄹ까 봐' is used when expressing that the speaker worries in advance about the content in the previous clause, and accordingly, takes a certain action in the subsequent clause.
- 추울까 봐 코트를 입고 왔어요.
- 기차를 놓칠까 봐 일찍 출발했어요.

6과 음식과 조리법

1. A/V-(으)ㄴ/는 데다가

'-(으)ㄴ/는 데다가' is used when expressing the significance of the previous state or situation with the addition of another state or situation.
- 이 구두는 편한 데다가 값도 싸요.
- 지갑을 잃어버린 데다가 학교에도 지각했어요.

The subject of the former and latter clause must be the same.
- 서울은 교통이 편리한 데다가 깨끗하다. (○)
- 서울은 교통이 편리한 데다가 부산은 깨끗하다. (×)

There must be consistency between what is stated in the former and latter clause.
- 이 음식은 맛이 없는 데다가 건강에 나쁘다. (○)
- 이 음식은 맛이 없는 데다가 건강에 좋다. (×)

2. A/V-던데(요)

'-던데(요)' is used when expressing that the speaker recalls a certain scene from the past, while talking fondly about that experience, or conveys a certain situation in the past, while anticipating a response from the listener.
- 제주도는 정말 아름답던데.
- 민수 씨는 아까 집에 가던데요.

3. V-(으)ㄴ/는 대로, N대로

'-(으)ㄴ/는 대로' is used when expressing that an action or state follows the same pattern as the previous past action or state. 'N대로' is used when expressing that there is no change based on the previous statement or content.
- 본 대로 말해 봐.
- 그 사람 말대로 해 보세요.

'-던 대로' or '-았던 대로' can also be used.
- 예상했던 대로 우리 팀이 이겼어요.

4. V-아/어 놓다

'-아/어 놓다' is used when expressing that an action has been completed and that state has been maintained.
- 주말이라서 미리 표를 예매해 놓았어요.
- 어머니는 불고기를 만들어 놓고 외출하셨어요.

'놓아' and '놓아서' can be abbreviated as '놔' and '놔서.'
- 일을 다 끝내 놔서 편안한 마음으로 파티에 갈 수 있어요.

'-아/어 두다' can be substituted for '-아/어 놓다.'
- 주말이라서 미리 표를 예매해 뒀어요.

7과 신고와 신청

1. A-(으)ㄴ가요?, V-나요?, N인가요?

'-(으)ㄴ가요?, -나요?, N인가요?' are interrogative sentences that have a more subtle or friendly feel than '-아요/어요.'
- 다리를 다쳤다고 들었는데 좀 괜찮은가요?
- 저기 가방을 메고 있는 사람은 누구인가요?

부록 Appendix 147

2. V-아지다/어지다

'-아지다/어지다' is used when expressing that the subject did not directly do the action, but is affected by the situation by other means. It is a type of passivizing suffix.

- 이 건물은 1517년에 지어졌다.
- 지난번에 맡긴 컴퓨터가 다 고쳐졌어요?

It is used mainly with verbs that do not combine with '-이/히/리/기-', but in the case of some verbs, both forms may be used.

- 끊다 – 끊기다 – 끊어지다
- 쓰다 – 쓰이다 – 쓰여지다

3. V-는 대신(에), N 대신(에)

'-는 대신(에)' is used when expressing the substitution of the previous action for another action. 'N 대신(에)' is used when expressing the substitution of the previous noun for the following noun or action.

- 저녁을 안 먹는 대신에 우유를 한 잔 마셨다.
- 그는 내가 묻는 말에 대답 대신 눈물을 흘렸다.

4. V-아/어 버리다

'-아/어 버리다' is used when expressing that an action is completely finished and that the speaker comes to feel either a sense of loss or dissatisfaction, or conversely, a sense of relief.

- 친구들한테 빌린 돈을 모두 갚아 버렸다.
- 며칠 못 쉰 것 같은데 방학이 벌써 끝나 버렸어.

'잊다' and '잃다' combine so often with '-아/어 버리다' to make '잊어버리다' and '잃어버리다' that they are no longer written separately and are therefore used as a single word.

- 약속 시간을 잊어버렸어요.
- 지하철에서 우산을 잃어버렸어요.

8과 친구와 연인

1. N 만에, N 만이다

'N 만에' is used when expressing that another action occurs after an amount of time has passed. 'N 만이다' is used when expressing how much time has passed since an action occurred.

- 유학 간 지 5년 만에 귀국했다.
- 우리가 다시 만난 것은 삼 년 만이다.

2. V-고 보니(까)

'-고 보니(까)' is used when expressing that after an action or experience, the speaker came to realize something new that was not known beforehand.

- 버스를 타고 보니 빈자리가 하나도 없었다.
- 처음엔 화가 많이 났는데 이야기를 듣고 보니까 이해가 되었다.

'-아/어 보니까' is used when expressing that the speaker has come to know something through a new experience, however, '-고 보니(까)' is used when expressing that the speaker realizes something after an action has been completed.

- (처음 술을 마셨는데) 마셔 보니까 너무 썼어요.
- (물인 줄 알고 마셨는데) 마시고 보니까 술이었다.

3. A-(으)ㄴ데도, V-는데도, N인데도

'-(으)ㄴ데도, -는데도, N인데도' are used when expressing that the results normally expected from the situation of the previous clause are different from the results in the following clause.

- 내 친구는 항상 많이 먹는데도 살이 안 쪄요.
- 월요일 아침인데도 산에는 사람들이 많았다.

4. V-게 하다

'-게 하다' is used when expressing that a person causes, makes, or allows another person to do an action.

- 선생님이 그 학생을 일찍 집에 가게 하셨다.
- 의사가 동생에게 약을 먹게 했어요.

'-이/히/리/기/우-' are often used when expressing that the person causing the action does so directly, but '-게 하다' is often used when expressing that the person causing the action does so indirectly.

- 어머니가 아이에게 옷을 입게 했어요.
- 어머니가 아이에게 옷을 입혔어요.

9과 축제와 공연

1. N(이)라고 해서 다 A/V-(으)ㄴ/는 것은 아니다

'N(이)라고 해서 다 -(으)ㄴ/는 것은 아니다' is used when expressing that not all common beliefs about certain subjects are applicable.

- 한국 음식이라고 해서 다 매운 것은 아니에요.
- 남자라고 해서 다 운동을 좋아하는 것은 아니다.

2. V-아다/어다 주다

'-아다/어다 주다' is used when expressing the change of location after an action is completed for the sake of another person.

- 집에 올 때 빵 좀 사다 주세요.
- 친구가 도서관에 가서 책을 빌려다 줬어요.

It combines with '데리다' and '모시다' when expressing that an animal or person went with someone to a certain location. If the action is aimed at a social superior, then '-아다/어다 드리다' is used instead of '-아다/어다 주다.'

- 저 좀 집까지 데려다 줄 수 있어요?
- 할머니를 기차역까지 모셔다 드렸어요.

3. A/V-다/냐/(으)라/자고(요)?, N(이)라고(요)?

'-다/냐/(으)라/자고(요)?' is used when inquiring again about what was said either when the speaker could not hear it clearly or would like to confirm that what was heard is correct.

- 아이가 기침을 많이 한다고요?
- 그 사람 전화번호가 몇 번이라고요?

4. N(이)든지

'N(이)든지' is used in conjunction with interrogative pronouns such as '누구, 어디, 언제, and 무엇' to express that regardless of what is chosen, it does not matter. It can be 'any-' or 'every-' depending on the context. '무슨[어느/어떤] N(이)든지' can also be used.

- 저는 무엇이든지 잘 먹는 편이에요.
- 언제든지 도와드릴 테니까 연락하세요.

It is also used in accordance with other particles to form '무엇에든지, 어디에서든지, 어디로든지, or 누구한테든지.'

- 아버지는 어디에서든지 가족만 생각하세요.

1과 기쁨과 슬픔 SB Track 03

1. 잘 듣고 질문에 답하세요.

여자 레이 씨, 축하드려요. 이번에 대리로 승진했다면서요? 한턱내야겠어요.
남자1 고마워요.
남자2 그러게. 한턱내야겠어, 왕레이 씨. 아니 이제부터는 왕 대리지?
남자1 부끄럽게 왜 그러세요, 부장님. 제가 오늘 저녁 퇴근 후에 기분 좋게 한턱내겠습니다. 지연 씨도 꼭 오세요.
여자 그럼요. 레이 씨가 한턱내는데 꼭 가야죠. 비싼 거 먹어도 되겠죠?
남자1 하하. 그래요. 먹고 싶은 거 다 시키세요.
남자2 그런데 우빈 씨는 괜찮은가? 이번에도 승진을 못했다고 들었는데. 많이 속상하겠어.
여자 네. 많이 속상할 거예요. 지난번에 떨어졌는데 이번에도 또 떨어졌으니…….
남자1 저도 그 소식 듣고 좀 안타까웠어요. 그동안 우빈 씨도 저하고 같이 고생 많이 했거든요.
남자2 그래. 다들 나중에 우빈 씨 만나면 기운 내라고 말 좀 해 줘.

2과 초대와 방문 SB Track 06

1. 잘 듣고 질문에 답하세요.

남자 에밀리 씨, 어디 가요?
여자 백화점에 가요.
남자 나도 백화점에 가는 길인데 같이 가요. 친구 생일 선물을 사야하거든요.
여자 저는 친구 딸아이가 돌이라서 초대를 받았는데, 뭘 사 가야 될지 모르겠어요. 케이크나 사 갈까 하는데 어때요?
남자 케이크요? 돌잔치에 갈 때는 돌 반지나 아기한테 필요한 물건을 선물하는 게 좋아요.
여자 그래요? 저는 생일이라서 케이크를 사가도 괜찮을 줄 알았어요.
남자 한국에서는 돌잔치에는 돌 반지, 집들이에는 세제나 두루마리 화장지처럼 때에 맞는 선물이 있어요.
여자 그렇군요. 그럼 결혼 선물로는 뭐가 좋아요?
남자 결혼식에 초대 받았을 때는 보통 축의금을 많이 내요.

여자 오늘 우빈 씨 덕분에 많은 것을 알게 됐네요. 고마워요.
남자 별말씀을요.

3과 건강과 운동 SB Track 09

1. 잘 듣고 질문에 답하세요.

남자 소영 씨, 무슨 일 있어요? 많이 피곤해 보여요.
여자 아침부터 두통이 심하네요.
남자 혹시 감기 아니에요? 좀 쉬었다가 하세요.
여자 아니에요. 아침부터 아이를 깨우고 씻기고 옷 입히고 밥 먹여서 유치원 보내느라고 좀 힘들어서 그래요.
남자 아이요?
여자 언니가 조카를 저에게 맡기고 여행을 갔거든요.
남자 언니가 조카는 왜 안 데려간 거예요?
여자 우리 언니는 아이를 잘 돌보기 위해서는 엄마도 재충전할 수 있는 휴가가 필요하다고 생각해요.
남자 아이가 있으면 푹 쉴 수 없으니까 소영 씨에게 맡긴 거군요.
여자 네. 언니는 아이를 잘 돌보려면 엄마가 건강해야 된다고 하면서 해마다 며칠씩 여행을 가서 아무것도 안 하고 푹 쉬어요.
남자 언니에게는 꼭 필요한 휴가지만 조카 때문에 소영 씨가 병이 나겠네요.

4과 추억과 경험 SB Track 12

1. 잘 듣고 질문에 답하세요.

남자 뭘 그렇게 보고 있어? 어, 누나 고등학교 때 사진이잖아.
여자 어제 방 정리하다가 찾았어. 수학여행 갔을 때 찍은 사진인데 보고 있으니까 옛날 생각이 많이 난다.
남자 여기 나무 뒤에 있는 이 사람이 지수 누나 맞지? 이 누나가 나한테 먹을 거 정말 많이 사 줬는데.
여자 그래, 지수가 널 참 예뻐했었지. 자기도 너처럼 귀여운 동생이 있었으면 좋겠다고.
남자 이 누나는 지금 뭐해? 나한테 유명한 작가가 될 거라면서 미리 사인 받으라고 말하곤 했는데.
여자 하하. 그랬어? 작가는 아니고 중학교 선생님이야.
남자 선생님?

여자 응. 담임 선생님을 짝사랑하더니 국어 선생님이 됐어. 담임 선생님이 국어를 가르치셨거든.
남자 누나는 수학 선생님 좋아하지 않았어?
여자 아니야. 나는 수학 잘하는 정우 선배를 좋아했지. 아는 문제도 모르는 척하면서 선배한테 질문 많이 했는데. 정말 그때가 그립다.

5과 날씨와 기후 SB Track 15

1. 잘 듣고 질문에 답하세요.

(전화 연결음)
남자 누나, 나야.
여자 준호구나. 한국은 지금 밤 12시 아냐? 지금까지 안 자고 뭐해? 내가 내일쯤 전화하려고 했는데.
남자 다음 주가 엄마 생신이잖아. 생신 파티 얘기 좀 하려고. 참, 거기 날씨는 괜찮아? 뉴스에서 보니까 뉴욕은 눈이 많이 온다고 해서 엄마가 걱정하고 계셔.
여자 며칠 동안 계속 눈이 내리더니 오늘은 그쳤어.
남자 내일 저녁에 돌아오는 거 맞지?
여자 글쎄. 내일 저녁 7시에 출발하는 비행기를 타려고 하는데 그동안 눈이 너무 많이 내려서 어떻게 될지 잘 모르겠어.
남자 그럼 내일 출발 못 할 수도 있어?
여자 만약 내일 출발 못 하게 되면 내가 다시 전화할게. 그런데 식당은 예약했어?
남자 엄마가 좋아하시는 그 식당은 그날 예약이 안 된대. 그래서 집 근처에 있는 다른 식당으로 예약했는데 처음 가는 식당이라서 음식이 어떨지 모르겠어. 엄마가 좋아하셔야 할 텐데.
여자 좋아하실 거야. 그럼 선물은 내가 여기서 준비해 갈게.
남자 어. 알았어, 누나.

6과 음식과 조리법 SB Track 18

1. 잘 듣고 질문에 답하세요.

여자 요즘 날씨도 좋은데 우리 다음 주말에 여행 갈래요?
남자 좋아요. 저도 여행 가고 싶었어요.
여자 그럼 안동 어때요? 경치도 아름다운 데다가 한국의 전통문화도 느낄 수 있는 곳이에요. 또 안동은 찜닭으로 아주 유명해요.
남자 그거 닭갈비하고 비슷한 음식이에요? 전 얼마 전에 춘천에 가서 닭갈비를 먹어 봤는데 아주 맛있던데요.
여자 찜닭도 닭고기로 만들지만 닭갈비보다 덜 매워요. 닭갈비는 고춧가루로 양념을 하지만 찜닭은 간장으로 양념을 하거든요.
남자 닭갈비처럼 철판에 볶아서 만들어요?
여자 아니요. 여러 가지 야채를 넣고 간장에 조려서 만들어요.
남자 와, 맛있겠네요. 안동에 가자마자 찜닭부터 먹어봐야겠어요.
여자 그래요. 그러고 나서 아름다운 안동의 경치도 감상하고 하회 마을도 구경합시다.
남자 이번 여행 정말 기대되는데요. 빨리 기차표를 예매해 놓아야겠어요.

7과 신고와 신청 SB Track 21

1. 잘 듣고 질문에 답하세요.

여자 여보세요? 거기 경찰서죠? 저희 가게에 도둑이 들었어요. 빨리 좀 와 주세요.
남자 네, 주소를 말씀해 주세요.
여자 서울시 관악구 관악로 100이에요.
남자 네, 지금 바로 가겠습니다.
    ……
남자 경찰서에서 나왔습니다. 다치신 분은 없습니까?
여자 네, 다친 사람은 없어요.
남자 없어진 물건이 뭔가요?
여자 가게에 진열되어 있던 휴대폰이 모두 없어졌어요. 그리고 새로 산 노트북도 없어졌고요.
남자 가게에 현금은 없었습니까?
여자 계산대에 있던 현금은 없어졌는데 금고 안에 있는 현금은 못 찾은 것 같아요.
남자 처음 가게에 오셨을 때 어땠습니까? 좀 자세하게 말씀해 주세요.
여자 제가 가게에 들어왔을 때 문이 조금 열려 있었어요. 그리고 문 옆에 있는 창문이 깨져 있었고요.

8과 친구와 연인   SB Track 24

1. 잘 듣고 질문에 답하세요.

여자　여보세요? 마크 씨, 저 아유미예요.
남자　아, 아유미 씨. 어제 잘 들어갔어요? 오랜만에 만나서 정말 반가웠어요.
여자　저도요. 어제 마크 씨하고 헤어지고 나서 에밀리 씨랑 통화했는데, 다 같이 한번 모였으면 좋겠대요. 우리 동창회 한번 할까요? 다음 주 금요일 저녁에 시간 어때요?
남자　이번 주 금요일은 좀 바쁘지만 다음 주는 괜찮을 것 같아요.
여자　그럼, 금요일에 만나요. 에밀리 씨한테도 그렇게 얘기할게요. 그리고 칼리드 씨도 연락이 돼서 나오기로 했어요.
남자　붙임성이 좋아서 인기 많았던 그 친구요? 제가 낯을 좀 가리는 편이라서 그 친구하고 얘기는 많이 못 해 봤지만 괜찮은 친구였죠. 예의도 바르고요.
여자　그런데 사람이 그렇게 좋은데도 아직 여자 친구가 없대요.
남자　그럼 아유미 씨 친구 중에 좋은 사람 있으면 소개해 주세요.
여자　하하, 그럴까요?
남자　옛 친구들 만날 생각하니까 벌써부터 가슴이 두근거리는데요. 그럼 금요일에 봐요.
여자　네, 그날 봐요.

9과 축제와 공연   SB Track 27

1. 잘 듣고 질문에 답하세요.

남자　여기는 지금 막 K-Pop 스타들의 공연이 끝난 잠실 올림픽 경기장입니다. 오늘 공연을 관람하기 위해 세계 여러 나라에서 한국을 찾아 온 팬들이 있는데요. 그중에 한 분을 직접 만나 보겠습니다. 안녕하세요? 어느 나라에서 오신 누구십니까?
여자　안녕하세요? 저는 태국에서 온 왈라이폰이라고 합니다.
남자　오늘 공연에는 어떻게 오게 됐습니까?
여자　태국에서도 한국 가수들의 인기가 많은데 텔레비전이나 인터넷으로만 보던 가수들을 직접 만나 보고 싶어서 한국에 오게 됐습니다.
남자　태국에서도 한국 가수들이 인기가 많다고요? 그럼 누가 제일 인기가 많습니까?
여자　한국 가수라고 해서 다 인기가 많은 건 아니고요. 남자 댄스 가수들이 인기가 많은 편이에요.
남자　오늘 공연은 어땠습니까?
여자　정말 대단한 공연이었어요. 수준도 아주 높았고요. 가수들을 직접 보니까 너무 멋지고 좋았어요. 특히 외국에서 온 팬들을 위해 여러 나라말로 노래를 해 줬는데 태국말로 노래할 때는 정말 감동적이었어요.

1과 기쁨과 슬픔

Listening & Speaking
1. 1) [모범답안] 승진 시험에 떨어져서
   2) ① × ② × ③ ○

Reading & Writing
1. 1) [모범답안] 슬플 때 함께 울어 줄 수 있는 친구
   2) ① × ② ○ ③ ×

2과 초대와 방문

Listening & Speaking
1. 1) [모범답안] 돌잔치
   2) ① × ② × ③ ○

Reading & Writing
1. 1) [모범답안] ③, ①, ⑤, ②, ④
   2) ① × ② ○ ③ ×

3과 건강과 운동

Listening & Speaking
1. 1) [모범답안] 조카를 돌보느라고 힘들어서
   2) ① ○ ② × ③ ×

Reading & Writing
1. 1) [모범답안] 건강 상담을 받으려고
   2) ① × ② ○ ③ ×

4과 추억과 경험

Listening & Speaking
1. 1) [모범답안] 여자의 고등학교 때 추억
   2) ① × ② × ③ ○

Reading & Writing
1. 1) [모범답안] 친구들에게 작별 인사를 하려고
   2) ① ○ ② × ③ ○

5과 날씨와 기후

Listening & Speaking
1. 1) [모범답안] 어머니의 생신 파티와 선물
   2) ① × ② ○ ③ ×

Reading & Writing
1. 1) [모범답안] 생각을 바꾸면 모든 일에서 좋은 점을 찾을 수 있다.
   2) ②

6과 음식과 조리법

Listening & Speaking
1. 1) [모범답안] 경치가 아름다운 데다가 한국의 전통문화도 느낄 수 있는 곳
   2) ① ○ ② × ③ ○

Reading & Writing
1 1) [모범답안] 배추, 무, 오이 등의 채소를 소금에 절인 후 고추, 파, 마늘, 생강, 젓갈 등의 양념을 넣고 발효시켜서 먹는 음식
   2) ① ○ ② × ③ ×

7과 신고와 신청

Listening & Speaking
1. 1) [모범답안] 가게에 도둑이 들어서
   2) ① ○ ② × ③ ×

Reading & Writing
1. 1) [모범답안] 이수 학점 12학점 이상, B학점 이상의 외국인 재학생
   2) ① ○ ② × ③ ×

8과 친구와 연인

Listening & Speaking
1. 1) [모범답안] 동창회 약속을 정하려고
   2) ① × ② × ③ ○

Reading & Writing

1. 1) [모범답안] 자신의 마음을 확실하게 알고 싶어서
   2) ① × ② × ③ ○

9과 축제와 공연

Listening & Speaking

1. 1) [모범답안] K-Pop 공연장 앞에서 관객 한 명을 인터뷰하고 있다.
   2) ① × ② × ③ ○

Reading & Writing

1. 1) [모범답안] 다양한 가을 축제를 소개하려고
   2) ① ○ ② × ③ ○

어휘 색인 Glossary

ㄱ

가뭄이 들다 to have a drought 75
가슴[마음](이) 아프다 to be heartbreaking 18
간장 soy sauce 94
간호하다 to nurse 22
감동적이다 to be touching 131
강추위 bitter cold 75
강하다 to be strong 96
개방하다 to open 138
개업식 grand opening ceremony 32
거만하다 to be arrogant 117
건조하다 to be dry 74
(어깨가) 결리다 to feel tight (in one's shoulders) 46
결혼식 wedding ceremony 32
겸손하다 to be humble 117
겹치다 to overlap 138
계산대 checkout counter 108
고객 customer 104
고백하다 to confess 67
고생하다 to trouble 40
고소하다 to be roasty 88
고장 신고 damaged item report 102
고추 red-pepper 96
고춧가루 red-pepper powder 96
과 department 124
과일 바구니 fruit basket 33
과제 assignment 90
관람 watch 132
교내 신문사 school newspaper office 62
교복 school uniform 60
구름이 걷히다 (cloud) to clear 74
구름이 끼다 to be cloudy 74
국어 Korean language 66
(고기를) 굽다 to roast (meat) 89
(무릎을) 굽히다 to bend (one's knees) 47
귀찮다 to be bothersome 48
그립다 to miss 61
금고 safe 108
기억(이) 나다 to remember 62
기억에 남다 to be memorable 61
기온이 영하로 내려가다 to fall below zero 74
기운[힘] 내세요 Cheer up 19

긴장(이) 되다 to be nervous 18
깨지다 to be broken 104
꽃바구니 flower basket 33
(물을) 끓이다 to boil (water) 89

ㄴ

낙지 small octopus 90
난해하다 to be abstruse 131
남자 친구 boyfriend 116
낯을 가리다 to be shy around strangers 117
내성적이다 to be introverted 117
냉정하다 to be cold-hearted 117
너희 you guys 68
논문 thesis 21
눈물을 흘리다 to shed tears 26
눈이 그치다 to stop snowing 74
눈이 내리다 to snow 74
느긋하다 to be laid-back 117
느끼하다 to be oily 88
늘 always 68

ㄷ

다 잘될 거예요 Everything will turn out all right 19
다정하다 to be friendly 117
(마늘을) 다지다 to mince (garlic) 89
단무지 pickled radish 92
단짝 best friends 118
달콤하다 to be sweet 88
담그다 to make (fermented food) 96
담임 선생님 homeroom teacher 60
답하다 to answer 54
당근 carrot 92
(무릎을) 당기다 to pull (one's knees) 47
(망신을) 당하다 to be humiliated 19
(사고를) 당하다 to be involved (in an accident) 19
(상을) 당하다 to be bereaved 19
대단하다 to be great 131
대부분 for the most part 118
대표적이다 to be iconic 96
덜 less 96
(야채를) 데치다 to parboil (vegetables) 89
도난 신고 theft report 102

(집에) 도둑이 들다 to have a burglar break in (into one's house)　109
도시락 lunchbox　60
도장(을) 찍다 to stamp　103
(목을) 돌리다 to roll (one's neck)　47
돌 반지 first-birthday ring　33
돌보다 to look after　52
돌아가시다 to pass away　19
돌잔치 first birthday party　32
동기 motive　111
동료 coworker　116
동성 친구 friend of the same gender　116
동창 alumnus; schoolmate　62
동창회 alumni meeting　62
두근거리다 to pound　120
두루마리 화장지 toilet paper roll　33
두통[편두통]이 심하다 to have a severe headache [migraine]　46
드디어 finally　68
들국화 wild chrysanthemum　36
떨어뜨리다 to drop　104

ㅁ

만드는 법 recipe　92
말다 to roll　92
맞추다 to match　134
매점 store　60
매콤하다 to be hot　88
맨손 bare hands　138
먹을거리 things to eat; food　132
멋지다 to be nice　131
몸짓 gesture　134
무 radish　96
(몸이) 무겁다 to feel heavy　46
무더위 heat wave　75
무례하다 to be impolite　117
무사히 safely　36
(나물을) 무치다 to season (herbs)　89
(~에 대해) 문의하다 to make an inquiry (about)　103
민요 Minyo (traditional folk song)　130

ㅂ

바닥 floor　104
바닷길 sea route　138

반복하다 to repeat　50
발표 announcement　110
발효하다 to ferment　96
배 times (counting unit for multiples)　26
배추 cabbage　96
벌다 to earn　82
(다리를) 벌리다 to spread (one's legs)　47
범죄 신고 crime report　102
(껍질을) 벗기다 to peel (skins)　89
별말씀 unnecessary comment　36
별일 없다 to have nothing special　118
보양식 health food　48
보험금 insurance (money)　107
복날 Boknal (the hottest days of the year)　76
(야채를) 볶다 to stir-fry (vegetables)　89
본인 oneself　112
볼거리 things to watch; spectacle　132
볼만하다 to be worth watching　131
부 copy (unit noun)　110
부럽다 to envy　64
부채 hand fan　82
부채춤 Buchaechum (traditional fan dance)　130
(부침개를) 부치다 to fry (pancakes)　89
북 drum　134
북소리 sound of a drum　134
분실 신고 lost item report　102
(물을) 붓다 to pour (water)　89
붙임성이 있다[좋다] to be affable　117
비가 그치다 to stop raining　74
비가 내리다 to rain　74
(목이) 뻐근하다 to feel stiff (in one's neck)　46
(팔을) 뻗다 to stretch out (one's arm)　47
뿌듯하다 to be satisfied　18

ㅅ

사망 신고 death report　102
사물놀이 Samulnori (traditional percussion quartet)　130
사본 copy　107
사실 actually　64
살짝 lightly　92
(계란을) 삶다 to boil (eggs)　89
새콤하다 to be sour　88

생각이 들다 to feel   26
생강 ginger   96
생년월일 date of birth   112
서명하다 to sign   103
(재료를) 섞다 to mix (ingredients)   89
선배 one's senior   60
섭섭하다 to be disappointed   18
성격이 급하다 to be short-tempered   117
성적증명서 official transcript   110
세상에! No way!; Oh my gosh!   118
세제 detergent   33
소개팅 blind date   120
소라 conch   138
소중하다 to be precious   26
소풍 picnic   60
속상하다 to be upset   18
손을 잡다 to hold hands   19
수강 신청 class registration   102
수리 신청 repair application   102
수수료 service fee   106
수준이 높다 to be of high standards   131
수학 mathematics   62
수학여행 school field trip   60
(머리를) 숙이다 to lower (one's head)   47
습관 habit   54
습하다 to be humid   74
승진하다 to get promoted   21
시금치 spinach   92
(손목이) 시큰거리다 to have a sharp pain (in one's wrist)   46
신경(을) 쓰다 to take care   20
신(이) 나다 to be excited   18
신분증 identification card   106
신비 mystery   138
신용 카드[체크 카드] 신청 credit card [debit card] application   102
실종 신고 missing person report   102
실천하다 to carry out   48
싱겁다 to be bland   96
(파를) 썰다 to slice (green onions)   89

ㅇ

아쉽다 to be a shame   61
아직도 still   118

안개가 걷히다 (fog) to clear   74
안개가 끼다 to be foggy   74
안다 to hug   19
안타깝다 to be a pity   18
애인 lover   116
액정 Liquid Crystal Display (LCD)   104
야근 overtime at night   54
야외 활동 outdoor activities   83
양 portion   90
양념 seasoning   94
어떤 certain   82
어지럽다 to be dizzy   46
억새 silver grass   138
얹다 to put on top   92
얼씨구 hurrah (in a song)   134
얼큰하다 to be spicy   88
엄청 very much   76
AS 센터 Customer Service Center   104
여권[비자] 발급 신청 passport [visa] application   102
여자 친구 girlfriend   116
연인 couple; lover   116
염려하다 to worry   37
영문 English   112
영원하다 to be eternal   124
예상하다 to expect   124
예의 바르다 to be polite   117
(팔을) 올리다 to raise (one's arm)   47
외 except   104
외국인등록증 alien registration card   106
외향적이다 to be extroverted   117
용기(를) 내다 to muster courage   67
우박이 쏟아지다 to hail heavily   75
우정 friendship   124
우편 접수 mail-in application   110
원본 original document   107
원하다 to want   54
위로 consolation   26
위치 location   104
유의 사항 matters requiring attention   110
유지하다 to maintain   50
이별하다 to part   19
이성 친구 friend of the opposite gender   116

이수 completion   110
이야기(를) 나누다 to talk   40
이웃 neighbor   116
이후 after   82
익다 to be fermented   96
인 stamp   112
인상적이다 to be impressive   61
일교차가 크다 to have a large temperature difference   75
입맛 appetite   90
입원하다 to be admitted to the hospital   22
잊다 to forget   124

ㅈ

자랑스럽다 to be proud   18
자세하다 to be detailed   132
작별 farewell   68
(신청서를) 작성하다 to fill out (an application)   103
작은아들 younger son   82
(물에) 잠기다 to sink (under water)   78
잠시 for a while   26
장마가 시작되다 (monsoon) to come to begin   74
장수 vendor   82
장점 advantage   83
장학금 scholarship   21
재단 foundation   110
재발급 reissuance   106
(고기를) 재우다 to marinate (meat)   89
재충전 recharge   52
재학생 enrolled student   110
전원 power   104
절이다 to salt   96
접수증(을) 받다 to get a filing receipt   103
젓갈 salted seafood   96
정(이) 들다 to become attached   61
젖다 to wet   83
(고개를) 젖히다 to bend back (one's head)   47
(서류를) 제출하다 to submit (a document)   103
조개 clam   138
(생선을) 조리다 to boil down (fish)   89
조카 nephew; niece   52
주중 during the week   55
즐길 거리 things to enjoy   132

지루하다 to be boring   131
지방 province   124
지역 area   96
지인 acquaintance   116
지키다 to keep   48
진료 확인서 medical certificate   107
진열되다 to be displayed   108
집들이 housewarming party   32
짜증(이) 나다 to be annoyed   18
짝 partner   60
(만두를) 찌다 to steam (dumplings)   89
찜닭 braised chicken   94

ㅊ

(여자 친구한테) 차이다 to get dumped (by one's girlfriend)   19
참석하다 to attend   24
찾아오다 to visit   26
채(를) 썰다 to julienne   92
채소 vegetable   96
챙겨 먹다 to eat without skipping meals   48
철판 griddle   94
(사진을) 첨부하다 to attach (a photo)   103
첫날 the first day   26
청첩장 wedding invitation   20
체류 stay   112
체육복 gym clothes   60
초 beginning   78
초대하다 to invite   34
촬영지 filming location   132
최근 recently   54
추억 memory   40
축의금 congratulatory money   33
출생 신고 birth registration   102
치료(를) 받다 to get treated   22
칠순 잔치 seventieth birthday party (Korean age)   32

ㅋ

큰아들 eldest son   82

ㅌ

탈춤 Talchum (traditional mask dance)   130
태풍이 오다 to have a typhoon come in   75

(어깨를) 토닥이다 to pat (one's shoulder) 19
통장 bank book 110
(튀김을) 튀기다 to fry (fritters) 89

ㅍ

판소리 Pansori (traditional musical storytelling) 130
팔순 잔치 eightieth birthday party (Korean age) 32
(허리를) 펴다 to straighten (one's back) 47
편찮다 to be sick (honorific) 19
평범하다 to be normal 118
평일 weekday 54
평점 Grade Point Average (GPA) 110
폭설 heavy snow 75
폭우 heavy rain 75
푸짐하다 to be filling 90
(날씨가) 풀리다 to thaw 76
풍물놀이 Pungmulnori (traditional folk music and dance) 130

ㅎ

학업 academic achievements 111
학점 credit; grade 110
학창 시절 one's school days 67
한 about 118
한과 Korean traditional sweet and cookies 40
한숨(을) 쉬다 to sigh 82
한턱내다 to treat 24
해수욕장 beach 138
해외여행 overseas travel 40
(남자 친구와) 헤어지다 to break up (with one's boyfriend) 19
혼인 신고 marriage registration 102
홍수가 나다 to have a flood 75
화분 flowerpot 33
화재 신고 fire report 102
환갑[회갑]잔치 sixty-first birthday party (Korean age) 32
활동하다 to act 62
황사가 심하다 (yellow-dust) to be severe 75
후배 one's junior 60
후회(가) 되다 to come to regret 61
훌륭하다 to be excellent 131
휴무이다 to be closed 104
흥겹다 to be merry 131

집필위원 Authors

신경선	이화여자대학교 국제대학원 한국학과 한국어교육전공 박사 수료 전 서울대학교 언어교육원 한국어교육센터 대우전임강사
현혜미	이화여자대학교 교육대학원 외국어로서의 한국어교육학과 석사 서울대학교 언어교육원 한국어교육센터 대우전임강사
김미경	이화여자대학교 교육대학원 외국어로서의 한국어교육학과 석사 서울대학교 언어교육원 한국어교육센터 대우전임강사
박광희	스리랑카 켈라니야 대학교 언어학 석사 서울대학교 언어교육원 한국어교육센터 강사

번역위원 Translators

김종호	서울대학교 농생명공학 석사 서울대학교 언어교육원 한국어교육센터 대우전임강사
Christina Ryu	미국 뉴욕주립대학교 (빙햄턴) 경제학 학사

감수 Supervisor

장은아	고려대학교 교육학 박사 서울대학교 언어교육원 한국어교육센터 대우조교수

도와주신 분들 Contributing Staff

일러스트	이진희
사진촬영	박재영
녹음	미디어리더